LE CONNÉTABLE

DE BOURBON

PAR

ALPHONSE ROYER,

AUTEUR DE :

LES MAUVAIS GARÇONS, ETC.

I

PARIS.

WERDET, LIBRAIRE-ÉDITEUR,

49, RUE DE SEINE SAINT-GERMAIN.

1838.

De temps immémorial, dans la France coutumière
les fonds échus par succession formaient, dans l[a]
main de celui qui les avait recueillis, un *propre d[e]*
famille qui, au cas de la succession collatérale, de[-]
vait être exclusivement attribué aux parens des côt[és]
et ligne d'où le bien était provenu.

C'est ce qu'exprimait ce vieil adage : *paterna pa[-]*
ternis, materna maternis.

Par opposition, on donnait le nom d'*acquêt* à tou[t]
bien venu par une autre voie que l'hérédité, comm[e]
achat, échange, libéralité.

La stabilité des patrimoines, l'esprit de famill[e]
caractères distinctifs des mœurs nationales, se tro[u-]
vaient trop profondément empreints dans ces inst[i-]
tutions pour qu'elles pussent échapper aux cou[ps]
d'une révolution animée du besoin de mobiliser l[es]
fortunes et d'assurer le triomphe de l'égalité. Il fa[ut]
toutefois remarquer que, si l'apologie de cette gran[de]
innovation se trouve dans un rapport fait à l'assem[-]
blée Constituante (1), ce n'est que sous la conven[-]
tion nationale qu'une loi est venue la consacre[r]
C'est en effet la loi du 17 nivôse an 2 (art. 62)
qui, la première, effaça du droit civil français [la]

---

(1) V. Moniteur de 1790, n. 326 et 327.

LE CONNÉTABLE

DE BOURBON.

Imprimerie de Crété, à Corbeil.

LE CONNÉTABLE

DE BOURBON

PAR

ALPHONSE ROYER,

AUTEUR DE :

LES MAUVAIS GARÇONS, ETC.

I

PARIS.

WERDET, LIBRAIRE-ÉDITEUR,

49, RUE DE SEINE-SAINT-GERMAIN.

—

1838.

PREMIÈRE PARTIE.

La Disgrace.

—

§ I.

1*

1

Un soir du mois de juin 1522, après le
couvre-feu sonné, au milieu du silence
qui planait sur les pavés déserts de la rue
Saint-Antoine, à Paris, une femme, masquée d'un cachelet de velours noir, et enve-
loppée des pieds à la tête dans un manteau de

soie de même couleur, marchait rapidement le long des murs et semblait de plus en plus hâter le pas, se retournant par intervalles, comme si elle craignait d'être poursuivie ou surveillée. A quelque distance derrière elle, un homme, également roulé dans son manteau, cheminait sans mot dire, réglant sa marche sur la sienne, s'arrêtant lorsqu'elle s'arrêtait, et rabattant sur ses yeux son chapeau emplumé, de crainte sans doute d'être reconnu.

Au détour d'une petite rue la dame poussa un cri d'effroi. Elle venait de tomber parmi une troupe de laquais ivres qui, agitant autour d'elle leurs torches fumantes, à demi éteintes, voulaient à toute force l'obliger à les suivre à l'hôtel de monsieur Chabot de Brion, puîné de

la maison de Jarnac , et favori du roi, où
ils allaient attendre leurs maîtres engagés
dans une partie d'hombre pour la nuit.

Au cri de la dame, l'homme au manteau
s'approcha, et, prenant par les oreilles le
chef de la bande avinée, il lui enjoignit,
d'un geste impératif, d'avoir à passer outre.
Les laquais se découvrirent respectueusement devant le muet personnage qui venait
de se révéler à eux d'une façon si énergique, et ils s'enfuirent comme une volée
de moineaux. La dame, ainsi délivrée, se
confondit en remerciemens, puis elle sol-
licita de son libérateur la permission de se
retirer. Celui-ci réclama pour récompense
de son service la faveur de soulever le
masque de la belle voyageuse qui, toute
tremblante, refusa par deux fois d'accor-

der ce qu'on lui demandait. L'homme insista avec plus d'instance, en jurant ses grands dieux qu'il serait discret. Nouveau refus plus obstiné encore que la sollicitation.

— Hé bien, dit le cavalier en saisissant la dame par la main, puisque vous persistez dans votre silence, il faudra donc que ce soit moi qui vous dise ce que vous venez chercher ici. Ne vous appelle-t-on pas Suzanne de Langenfeld, fille d'un capitaine allemand, employé à cette heure à recruter de l'autre côté du Rhin des lansquenets pour monsieur le connétable de Bourbon?

— O Ciel! fit la dame masquée.

— N'appartenez-vous pas, en qualité de dame d'honneur, à madame Louise de

Savoie, duchesse d'Angoulême, mère de notre roi François, premier du nom ?

— Monsieur !

— N'êtes-vous pas mariée depuis deux mois à un jeune gentilhomme du Bourbonnais, nommé Ponthus de Saint-Romain ?

— Mon Dieu, assistez-moi ! murmura la pauvre femme en s'appuyant contre l'angle d'un mur.

— Ce soir vous avez jeté une mante sur vos épaules, mis un masque sur votre visage, et, sortant de l'hôtel des Tournelles à la dérobée, sans même un laquais à votre suite, vous voici à neuf heures du soir au bout de la rue Saint-Antoine, exposée aux insultes des voleurs de nuit et des coureurs d'aventures ; vous voici, jeune épouse à qui l'amour tourne la tête, cherchant un homme que vous aimez, et cet homme..... ce n'est pas votre mari !

La dame, à ces mots, tressaillit de tous ses membres ; son implacable interlocuteur continua :

— Cet homme, c'est le connétable de Bourbon, un prince du sang royal, le premier de France après le roi. C'est votre amant, Madame, et il arrive ce soir à Paris de sa ville de Moulins en Bourbonnais. Vous vous impatientez de son retard, et vous allez l'attendre dans cette maison que voici, laquelle appartient à quelqu'un de sa suite. Refuserez-vous maintenant de me faire votre confidence ?

— Monsieur de Bonnivet! s'écria la dame

en arrachant son masque, monsieur de Bonnivet, ne me perdez pas!

L'homme au manteau cessa de cacher son visage. C'était en effet Guillaume Gouffier, amiral de Bonnivet, l'un des favoris de François Ier. Il sourit doucement de la terreur qu'il inspirait.

Suzanne de Saint-Romain était une proie digne de grossir la liste des conquêtes de l'amiral. Sa figure ovale encadrée de soyeux cheveux bruns, ses longs yeux noirs pleins de mélancolie, son esprit, sa grace, le charme indéfinissable répandu dans sa personne, tout contribuait à exciter les désirs du muguet le plus vain qui fût à l'hôtel des Tournelles. Il est vrai, qu'il avait à lutter contre un dangereux rival. Mais il lui importait peu d'être aimé de ses maîtresses;

ce n'était pas à leur cœur qu'il s'adressait.

On se souvient que ce même personnage osa, une nuit, comme le roi François Ier et sa suite avaient accepté un logis en son château de Bonnivet, s'introduire par une trappe dans la chambre de Marguerite de Valois, duchesse d'Alençon, sœur de son souverain. La duchesse n'échappa à cette audacieuse entreprise qu'avec l'aide de ses dames d'honneur. La vanité du favori n'aurait sans doute pas été moins flattée de supplanter le connétable de Bourbon auprès de madame de Saint-Romain.

— Madame, lui dit-il avec une politesse affectée, je hais monsieur de Bourbon de tout mon cœur, c'est vrai! Il me le rend sans marchander, c'est encore vrai. Mais la galanterie, comme la guerre, a ses lois.

— Vous n'êtes pas mon juge, Monsieur, soupira Suzanne; il faut pourtant que vous m'écoutiez. Vous pouvez me perdre, au moins vous ne me calomnierez pas. Oui, je viens ici chercher monsieur le connétable! Oui, je l'aime; mais d'un amour trop saint et trop pur pour avoir donné à qui que ce soit le droit de me mépriser. Et comment ne l'aimerais-je pas? Dès que mes yeux se sont ouverts au jour, c'est le premier visage dont ils aient vu le sourire. Traînée tout enfant à travers les camps d'Italie, privée de ma mère, hélas! que je ne connus jamais, je fus amenée par mon père au château de Moulins, chez monsieur le duc de Bourbon, où je grandis sous la protection de madame Suzanne de Beaujeu, sa femme, qui me donna son nom pour la grande amitié qu'elle me portait. La mort vint trop tôt me priver de ma bienfaitrice et m'apprendre que le sentiment de la reconnaissance n'était pas le seul qui pût faire battre mon cœur. Quelle femme eût résisté au bonheur de se voir aimée d'un héros que l'Europe admirait déjà à l'âge où l'on sait à peine ce que c'est que la gloire? Je le fis pourtant, moi. Je voulus conserver chaste et pure cette noble passion dont le souvenir n'aura jamais pour moi de pensées amères ni de nuits sans sommeil. Je quittai le château de Moulins. Je vins à Paris, où madame d'Angoulême, mère du roi, m'accueillit parmi les femmes de sa suite.

— Un an s'est passé depuis ce jour, Madame, interrompit l'amiral, et je dois avouer que depuis un an vous donnez à la cour le scandale inouï d'une irréprochable vertu. Je vous en veux pour le mauvais exemple.

— Ce fut là, poursuivit la dame, que je rencontrai, monsieur de Saint-Romain, un des gentilshommes du connétable, qui m'avait déjà vue à Moulins. Un ordre de mon père et de madame d'Angoulême le rendit mon époux avant que j'eusse eu le temps de résister à la violence que l'on faisait à mes affections. Depuis ce jour, je cessai même de correspondre avec monsieur le duc qui, d'ailleurs, passa toute cette année dans son gouvernement de Languedoc. Maintenant, Monsieur, vous savez tout.

Bonnivet contempla quelque temps cette belle coupable qui frémissait sous son regard. Il la rassura par ces mots :

— Puis-je vous condamner, Madame,

pour une faute que je voudrais prendre sur ma conscience au risque de la damnation? Non, vous n'êtes pas plus criminelle à mes yeux que notre belle comtesse de Châteaubriant que les esprits chagrins appellent la maîtresse du roi, et que nous nommons, nous autres, le soleil de la cour de France! Tout au plus si madame Marguerite trouverait ici la matière d'un de ces contes moqueurs dont elle égaie les matinées des Tournelles. Qui vous blâmerait, après tout, de ne pas aimer votre mari, un sauvage gentilhomme de province, assez bon courtisan cependant pour ne point s'apercevoir des prévenances et des assiduités dont monsieur le duc, son protecteur, vous environne sous ses yeux. Sur ma parole, voilà ce qui s'appelle une habile ingénuité, et cette paisible igno-

rance de monsieur de Saint-Romain cache
une science profonde dont je lui envie tout
le premier le secret.

— Monsieur! Monsieur! s'écria Suzanne,
vous calomniez le plus noble des hommes
qui soit au monde! Je vous le répète,
monsieur de Saint-Romain n'a jamais rien
soupçonné....

— Les faveurs du connétable, Madame,
lui ont sans doute paru un hommage na-
turel rendu à ses mérites inconnus jusqu'alors.

— Monsieur! interrompit Suzanne avec
dignité, j'estime mon mari; — je l'estime
et je veux l'aimer!

— Et vous dites, insinua l'amiral avec
cet air enjoué qui lui servait si bien auprès

des femmes de la cour, vous dites que c'est pour causer de votre conversion que vous avez rendez-vous ce soir avec monsieur le connétable?

— J'ai désiré le voir une dernière fois, Monsieur, reprit Suzanne en rougissant, une dernière fois, je vous jure. Le bruit de son mariage avec madame d'Angoulême n'a-t-il pas couru de nouveau? Ne dit-on pas que l'auguste mère de François Ier va rapprocher du trône celui que son indifférence pour elle en avait si long-temps éloigné? Si, comme on l'assure, les années n'ont pas affaibli l'amour dans le cœur de cette fière souveraine, je verrai sans déplaisir monsieur le connétable faire à sa fortune le sacrifice des sentimens de son cœur.

— Je crois, dit Bonnivet qui haussa la voix

en tournant la tête vers le sombre auvent d'une boutique où l'on pouvait apercevoir quelque chose se mouvoir au milieu des ténèbres, je crois que le jour de cette bienheureuse union ne se lèvera pas encore avec le soleil de demain.

— Qui le sait, Monsieur? Je veux être la première à complimenter monsieur de Bourbon. Quoique je n'aie pas à rougir d'une liaison qui fut toujours honorable, songez que je serais perdue si madame la duchesse venait à la découvrir. Une reine qui aime n'épargne pas une rivale. Permettez qu'en vous quittant je mette mon honneur sous la sauve-garde de votre discrétion.

— Elle ne saurait, ma foi! être mieux placée, cria l'amiral en éclatant de rire.

Au même instant, une autre femme, accompagnée d'un vieillard et de deux laquais armés, sortit des profondeurs de l'auvent où elle s'était tenue cachée.

Blême de colère, elle s'approcha de Suzanne et lui saisit le bras avec force.

— La duchesse d'Angoulême! Je suis perdue! balbutia la pauvre jeune femme en se voilant le visage de ses deux mains.

L'amour malheureux de la mère de François Ier pour son cousin Charles de Bourbon, ses jalousies et ses vengeances révélées dans plus d'une occasion mémorable, sa puissante influence, son ascendant illimité sur le roi son fils, annonçaient à madame de Saint-Romain combien sa position était fâcheuse. La présence d'Antoine Duprat, auprès de la duchesse, ne présageait

non plus rien de bon. Ce petit gentilhomme
d'Auvergne, vieilli dans les plus sales intrigues de cour, était ainsi parvenu au rang
de chancelier de France en servant les passions de la reine-mère. C'est à lui que l'on
doit l'invention de la vénalité des charges.
Après la mort de sa femme, Françoise de
Veny, fille de Michel, seigneur d'Arbouze,
il était entré dans les ordres par ambition.
Il fut successivement évêque de Meaux,
d'Albi, de Valence, et de Gap; archevêque de Sens. Plus tard, en 1527, il reçut le chapeau de cardinal. Il travaillait en
ce moment à l'obtenir.

La reine-mère serrait toujours de ses
deux mains le bras de sa rivale, comme si
elle avait craint qu'elle lui pût échapper.

—Ne rétractez aucun de vos propos, dit-elle d'une voix saccadée et profonde. Point de faux sermens! point de parjure! J'étais là, cachée pour vous entendre. Vous avez donné dans un piége!

— Ah! Monsieur! fit Suzanne en jetant un regard de désespoir à celui qui l'avait livrée; ah! Monsieur! c'est une indigne trahison!

— Une trahison? répliqua la duchesse; n'est-ce pas vous, dites, qui trahissez vos devoirs? après deux mois de mariage, femme sans foi et sans pudeur! Et moi, ne me trahissez-vous pas aussi? Malheur à vous! — Monsieur le chancelier Duprat!

A cet ordre, le vieillard, qui se tenait respectueusement derrière la duchesse, s'avança Madame d'Angoulême poursuivit:

— Afin que cette femme ne s'imagine plus que ce prétendu mariage entre monsieur le connétable et moi existe autre part que dans la cervelle de quelques fous , j'adopte tous les plans que vous m'avez proposés. Je vous somme d'intenter demain une action devant le parlement de Paris, au nom du roi et au mien, contre monsieur de Bourbon , à cette fin qu'il restitue la succession de madame Suzanne de Beaujeu, sa femme, c'est-à-dire tout ce qu'il possède!

Puis, se tournant vers Suzanne :

— Oui, Madame, d'un mot je puis faire que ce somptueux connétable soit demain aussi pauvre que le dernier gentilhomme de ses terres. N'est-il pas vrai, monsieur le chancelier ?

— Vous le pouvez, Madame, dit le chancelier Duprat. Les biens de la duchesse Suzanne reviennent légitimement à l'État et à vous, ainsi que nous le prouverons en temps et lieu, et par actes authentiques.

— Vous l'entendez?

— Vous ne le ferez pas, Madame, hasarda la jeune femme en levant timidement les yeux.

— Sur mon honneur! je le ferai. Nous verrons comment son orgueil portera la livrée de la misère! Et, attendu que c'est injustement que monsieur de Bourbon s'est emparé des duchés, comtés, vicomtés et seigneuries de notre cousine de Beaujeu, j'insiste, monsieur le chancelier, pour qu'en appelant la cause, les titres de duc de Bourbonnais et d'Auvergne soient rayés.

— Êtes-vous bien persuadée, maintenant, que je ne veux point épouser votre
connétable?

En toute autre circonstance Suzanne
se fût abandonnée, sans même chercher à
parer le coup qu'on lui portait, à la vengeance de cette femme dont elle connaissait le caractère implacable; mais cette fois
ce n'était pas seulement sa vie qu'il s'agissait de défendre: c'étaient la vie et la fortune d'un homme qu'elle admirait et qu'elle
aimait. Le péril retrempa son audace. Elle
voulut concentrer sur elle-même toute la
responsabilité de sa faute.

— Si j'ai commis un crime, Madame, voici
mes mains, dit-elle, faites-les lier; voici ma
tête, ordonnez qu'elle tombe; — voici mon
corps et mon ame, torturez-les à votre plai-

sir. J'ai pu follement aimer ce que je devais respecter; mais qu'un grand prince issu du sang royal, qu'un héros que Dieu a couvert, comme d'un manteau, des rayons de toutes ses gloires, se soit abaissé jusqu'à l'amour d'une pauvre inconnue, jusqu'à la fille d'un obscur capitaine de ses lansquenets, voilà ce qui n'est pas possible et ce que vous ne croyez pas, Madame. Mesurez d'un coup d'œil l'abîme qui nous sépare! Lui au sommet du pic qui s'élève dans les nuages! et moi au plus profond du gouffre! lui où volent les aigles, et moi où rampent les vers! N'est-il pas vrai qu'il passe chaque jour sous vos fenêtres, par milliers, des filles et des femmes plus belles cent fois que je ne le suis? N'est-il pas vrai aussi que, ni parmi les ducs et les princes, ni parmi les rois sur leurs trônes, ni dans tout l'univers rassemblé, il ne se trouverait un homme plus accompli et plus digne que lui d'être aimé ?

La duchesse poussa un soupir et baissa la tête.

— Que, dans un château solitaire, poursuivit sa rivale, j'aie charmé quelques instans les loisirs de monsieur le duc, suit-il de là que mon souvenir ait laissé trace dans ce cœur débordant de tant de grandes passions ? Et pensez-vous que moi-même, malgré toutes les illusions de mon amour, je ne me rende pas bonne justice et sur le peu que je vaux et sur le peu que je puis ? Un an d'exil prouve trop bien, hélas! que je suis abandonnée à mon désespoir !

Madame d'Angoulême parut se calmer

quelque peu à ces mots. L'air de son visage devint moins menaçant. Moins d'éclairs se croisèrent dans ses yeux. Un cœur qui aime est habile à se flatter.

Suzanne contemplait son ouvrage avec un sentiment mêlé de crainte et d'espoir : c'était pour elle la mort ou la vie, le ciel ou l'enfer! Quand la duchesse lui demanda le motif du rendez-vous qu'elle avait accepté de monsieur le connétable de Bourbon :

— C'est moi qui l'ai donné, dit-elle, ce rendez-vous. Une femme délaissée et dont on ne veut plus est si peu dangereuse. La galanterie de monsieur le duc....

— Eh bien! répliqua la duchesse, je veux m'assurer si vous ne mentez pas, ma

mie. Donnez-moi votre masque, il me plaît
d'assister à cette entrevue. Je passerai pour
une femme de votre service, pour ce que
vous voudrez. Vous ne bougerez pas de cette
place, au moins! Et moi je me tiendrai là,
derrière vous. Si monsieur le connétable
vous aime, tremblez pour vous et pour
lui!

L'ordre était pressant : Suzanne obéit.
Mais son courage se brisa; la seule chance
qui s'offrît à elle désormais, c'était que
le connétable ne vînt pas. Était-ce à elle de
l'espérer!

Bientôt monsieur de Bonnivet, qui se
tenait aux écoutes, annonça qu'il voyait
au loin des torches briller. Suzanne éprouva
un affreux serrement de cœur. La lueur
s'approcha. On vit distinctement un homme

s'avancer. Monsieur de Bonnivet et le chancelier se cachèrent dans l'angle d'une petite rue voisine. La duchesse masquée se plaça derrière Suzanne. Monsieur de Bourbon parut.

Sur un geste qu'il fit, après avoir aperçu celle qu'il cherchait, ses laquais remontèrent la rue Saint-Antoine.

— Suzanne, ma chère Suzanne! s'écria le duc, en laissant tomber autour de lui les plis flottans de son manteau. Puis il s'arrêta pour demander s'il pouvait parler en présence de cette femme masquée qu'il distinguait dans l'obscurité à quelques pas.

La duchesse dicta la réponse de Suzanne. Le connétable ne s'inquiéta pas davantage de cette aventure; il pensa que madame de Saint-Romain avait amené avec elle une amie dévouée, dépositaire de son secret.

— Depuis une heure seulement je suis à Paris, dit-il, en baisant avec transport la main de la jeune femme. En ce moment le roi m'attend aux Tournelles; mais, avant le roi, avant la cour, avant toute chose au monde, c'est vous, Suzanne, qu'il fallait que je visse, vous, ma reine si long-temps in-flexible !

Madame de Saint-Romain le repoussa doucement. Elle espérait par cette froideur simulée donner un autre cours à la conver-sation; mais monsieur de Bourbon ne tint pas compte de l'avertissement.

— C'est votre voix, reprit-il, que mon

cœur avait soif d'entendre! Ce sont vos yeux dans lesquels je voulais voir encore le bonheur me sourire! Enfin vous voici, mon ame! Entrons dans cette maison, où tout est prêt pour vous recevoir. Ici je serais jaloux du ciel lui-même, du vent qui me ravirait vos paroles, des indiscrètes étoiles qui troubleraient le mystère de nos entretiens. Venez! venez!......

— Non..... oh! non, Monseigneur, interrompit Suzanne, je n'ai qu'un instant à rester. D'ailleurs le roi vous attend.......

— Je t'aime, ingrate! le roi peut bien attendre! Ce rendez-vous que tu veux abréger, songe que depuis six mois entiers je le sollicite de toi.

— Votre délicate générosité, Monsieur le

duc, sait donner du prix même aux services que vous rendez. A vous entendre,
quand vous daignez céder aux importu-
nités d'une femme qui doit désormais
vous être indifférente, il semble que ce soit
elle qui donne et que ce soit vous qui re-
ceviez.

— En est-il donc autrement?

L'embarras de Suzanne croissait avec
l'ardeur de son amant. Elle se débarrassa
brusquement de ses mains, et, prenant un
visage froid et compassé :

— J'ai désiré vous voir, Monsieur le duc,
pour vous parler de mon mariage ; — pour
recommander monsieur de Saint-Romain
à vos bontés.

— N'est-ce que pour cela? répliqua le
duc de plus en plus étonné.

— Vous l'avez toujours distingué parmi les gentilshommes de votre maison. Vous savez s'il vous est dévoué et fidèle. La justice que vous rendez publiquement à ses qualités modestes est une preuve de la haute estime en laquelle vous le tenez. C'est mon espoir que vous lui fournirez l'occasion de vous servir en quelque chose, de mourir pour vous s'il le faut. Tel est le véritable et l'unique motif de l'entrevue que je vous ai demandée.

Suzanne pensa expirer en prononçant ces derniers mots, que les élans de son cœur contredisaient si bien. Monsieur de Bourbon, injuste comme tous les amans aimés, aima mieux la soupçonner que de la comprendre. Il se plaignit, il s'emporta, et, dans le long résumé de ses prétendus griefs , il acheva de tout apprendre à la duchesse qui étouffait de rage sous son masque.

— Monsieur! monsieur! s'écria Suzanne qui oubliait son rôle en présence d'une si poignante accusation, qu'il est cruel à vous de me traiter de la sorte! Si vous saviez!....

— Parlez, justifiez-vous, dit le duc; que craignez-vous? ne sommes-nous pas seuls?

La duchesse fit un pas vers Suzanne qui recouvra aussitôt le souvenir du péril qui la menaçait.

— Oh oui! bien seuls! répondit-elle d'une voix défaillante.

Monsieur de Bourbon se radoucit et se

rapprocha d'elle. Un pâle et tremblant rayon de lune qui perçait en ce moment le rideau de nuages étendu sur la face orageuse du ciel permit de lire dans les traits du connétable la vive émotion dont son cœur était agité.

— Écoutez, Suzanne poursuivit le duc, je vous aime autant qu'il est donné à un homme d'aimer et de chérir une femme.

— Silence! par pitié! murmura madame de Saint-Romain. Si quelqu'un venait à vous entendre!...

— Moi, me taire! reprit le connétable; moi craindre! non! Dieu et Satan fussent-ils ligués contre mon ame! Croyez-vous donc que ce ridicule mariage dont on prétend que le roi me veut affubler me rende

timide et retenu à ce point de n'oser dire
à une femme que je l'aime!

— Au nom du Ciel! monsieur le duc,
interrompit Suzanne qui essaya de lui fer-
mer la bouche avec le revers de sa main.

Mais lui, sans l'écouter :

— Sainte-Barbe! je suis trop rude courtisan pour ne pas déclarer à la face du
royaume que je ne veux point d'une fiancée
qui pourrait être ma mère, cachât-elle
ses cheveux gris sous une couronne de
reine!

— Oh! infamie! infamie! balbutia la duchesse sous son masque.

Suzanne comprit que tout était perdu
sans ressource.

— Eh bien donc! plus de lâchetés! s'écria-t-elle. Votre courage me rend le mien. Je vous aime, duc, plus que je ne vous aimai jamais! Ni mon exil volontaire, ni les combats de ma conscience, ni mes sermens à l'autel, ni la crainte, ni l'opprobre — rien n'a pu me faire changer, car je vous aime et je sais que je suis aimée de vous! Cet aveu c'est mon arrêt de mort — c'est votre ruine aussi; — notre juge est là qui nous entend!

La duchesse d'Angoulême foula son masque sous ses pieds. Elle était livide de fureur.

Le duc de Bourbon fronça légèrement le sourcil, puis son visage reprit toute sa sérénité. Les gens de la suite de la duchesse l'entourèrent; les flambeaux des laquais vinrent éclairer cette scène, prélude me-

naçant du lugubre drame qui devait plus
tard se dérouler.

— M'avez-vous assez outragée! dit la
duchesse en cherchant à dévorer sa honte.
Ah! je me vengerai cruellement!

Puis, s'adressant au connétable :

— Moi qui, pour complaire au roi, mon
fils, consentais à vous faire l'honneur de
vous accepter pour époux! à éteindre par
cette folle union les discords des branches
d'Angoulême et de Montpensier...... L'insulte est au comble! — Monsieur de Bonnivet, rentrons à l'hôtel des Tournelles! —
Vous, Madame, vous me suivrez, car je
n'ai pas perdu mon autorité sur vous; c'est
à votre mari que je la remettrai. — Monsieur le duc, c'est une guerre à mort entre

nous; — préparez-vous-y donc! Nous nous verrons demain chez le roi.

— Vous m'y verrez ce soir, Madame.

PREMIÈRE PARTIE.

La Disgrace.

—

§ II.

II

Madame d'Angoulême et sa suite avaient
à peine disparu, que monsieur de Bourbon,
rajustant sa cape sur son épaule, reprenait
délibérément le chemin de son hôtel. L'a-
venture dont il venait d'être le héros et qui
devait avoir, il ne se le dissimulait pas, une

si terrible influence sur ses destinées futu-
res, semblait à peine préoccuper son esprit. L'orage se condensait cependant sur
sa tête. Jamais, au plus fort des batailles fameuses où il s'était rencontré,
péril plus redoutable n'avait plané sur lui.
Il rejoignit ses laquais à quelques centai-
nes de pas, dans la rue Saint-Antoine.
Bientôt il eut regagné son logis où toute
sa maison était sur pied pour le recevoir.
Il traversa, le front haut, la double haie de
ses gardes et de ses pages échelonnée sur son
passage, puis il entra, suivi de ses gentilshommes, dans une longue salle lambrissée
et meublée magnifiquement, où un souper
l'attendait.

Rien n'égalait le luxe que se plaisait à
étaler le connétable de Bourbon dans son

hôtel à Paris et dans ses divers châteaux de province. Plus d'une fois le roi fut jaloux de cet éclat d'un vassal qui semblait vouloir l'éclipser partout où les deux princes se rencontraient en présence. Auprès des dames, comme sur le champ de bataille, les deux cousins s'étaient trouvés aux prises plus d'une fois; et François, malgré son esprit, sa grace et sa bravoure, avait souvent reconnu son maître dans ce rival.

Charles de Bourbon, alors âgé de trente-trois ans, n'était pas seulement un des plus renommés capitaines de son siècle; c'était un gentilhomme aimable et bien fait. Sa grande renommée réunissait autour de sa personne une cour de jeunes gens des meilleures familles de France qui se faisaient honneur d'apprendre sous lui le métier des armes.

Il ne comptait encore que dix-huit
ans, lorsqu'il accompagna en Italie
le roi Louis XII qui allait conquérir la
seigneurie de Gênes. Le duc, comme pour
donner une idée de la somptuosité qu'il
devait déployer plus tard, conduisit à sa
suite, dans cette circonstance, un grand
équipage de chevaux et harnais, avec cent
hommes d'armes, et autant d'archers de sa
maison, le tout à ses dépens, sans que le
roi l'aidât d'un denier. Deux ans après, il
suivit de la même manière le roi en Milanais,
où il décida le succès de la campagne.
Il défendit tour à tour le duché de Milan,
la Guyenne, la Bourgogne, et la Picardie,
contre les Impériaux, le pape et les Suisses. Ce fut en 1515, après la bataille de
Marignan, où ce jeune homme de vingt-six
ans venait de faire des prodiges de valeur

et d'habileté militaire, que François Ier lui
conféra la dignité de connétable de France.

Depuis ce temps bien des nuages avaient
traversé leur fraternité d'armes; et François, mal conseillé par sa jalousie et par
la duchesse d'Angoulème, sa mère, s'était
fait un coupable plaisir de rompre peu à
peu ces liens de famille et d'amitié qui at-
tachaient l'un à l'autre les deux cousins.

Déjà, en 1516, le duc avait vu ses gages
supprimés, au moment où il venait de prêter au roi, de sa propre cassette, dix mille
écus pour payer ses bandes suisses. Mais
la fortune particulière du connétable lui
permettait de vivre royalement en dépit
de ces petites machinations de cour dont on
voulait le rendre victime. Il était duc de
Bourbonnais et d'Auvergne, comte de

Clermont en Beauvoisis, de Montpensier, de Forets, de la Marche et de Clermont en Auvergne; dauphin d'Auvergne, vicomte de Carlat et de Murat, seigneur de Beaujolais, de Combrailles, de Mercœur, d'Annonay, de Roche en Régnier et de Bourbon-Lancey; pair et chambrier de France, lieutenant-général du roi en ses pays de Bourgogne et Languedoc, et gouverneur de cette dernière province.

La duchesse Suzanne, fille de madame Anne de France, duchesse de Beaujeu, lui avait apporté presque tous ces biens en mariage, et elle était morte en l'instituant son héritier. C'est de cet héritage que la duchesse d'Angoulême et le chancelier Duprat pensaient en ce moment à le dépouiller par un procès scandaleux, car la mère du roi était cousine au même degré de la duchesse Suzanne, et cette succession aurait pu lui être légitimement dévolue, si, dans la maison de Bourbon, l'ordre des successions ne s'était réglé, de temps immémorial, par la loi salique.

Après ce qui venait de se passer dans la rue Saint-Antoine, le duc avait donc bien des raisons pour se montrer chagrin et soucieux. Rien pourtant ne paraissait sur son visage.

— Quoi de nouveau, messieurs? dit-il en s'asseyant devant sa table; et, tandis que l'un de ses pages lui donnait à laver dans une aiguière de vermeil :

— Pas grand'chose, Monseigneur, répondit Montagnac-Tausanne, son premier

4*

chambellan. Le roi, votre cousin, polit et repolit toujours madrigaux et ballades pour ses maîtresses, sans penser que la Fortune, cette autre maîtresse plus volage que toutes les autres, lui fait en ce moment mille fi délités en Milanais.

— On assure, poursuivit Pompérant, capitaine de la garde ordinaire de monsieur de Bourbon, on assure que monsieur de Lautrec vient de se faire battre en Italie.

— Tant pis, messieurs, interrompit le connétable, car monsieur de Lautrec est un brave homme de guerre. Je me sens porté de cœur pour lui, quoique les intrigues de cour m'aient enlevé la duché de Milan pour l'en investir. Plût à Dieu que le roi, mon cousin, remplaçât par des gens de cette trempe les Montchenu, les Brion, et toute

cette engeance de favoris qui l'empoison-
nent de leurs fades conseils !

— Monseigneur, dit un gentilhomme
appelé de Lescure, voici de Varennes qui
arrive des Tournelles, et qui peut vous donner des nouvelles les plus fraîches de Sa
Majesté.

— Hé bien, que fait le roi à cette heure?
reprit le connétable en vidant un verre de
vin d'Espagne. Je gagerais qu'il s'entretient
des affaires de son royaume avec quelque
jolie femme que nous connaissons tous.

— Vous l'avez dit, monseigneur. Sa Majesté se retirait dans ses appartemens avec
une femme, quand j'ai quitté les Tournelles. Cette femme prononçait même votre
nom, et le roi avait l'air fort courroucé de
ce qu'il entendait.

— Cette fois, du moins, reprit le connétable en tendant de nouveau son verre à son échanson, cette fois mon royal cousin ne m'accusera pas de lui enlever ses belles, car vous êtes tous témoins que j'arrive à Paris à l'instant.

— De Varennes ! quelle est cette femme ? crièrent à la fois les jeunes gentilshommes qui entouraient monsieur de Bourbon. Dis-le-nous bien vite, que nous en puissions rire à notre aise.

— Son nom ? je crains qu'il ne sonne mal ici.

— N'importe, dis-le toujours.

— C'est... madame la duchesse d'Angoulême !

A ces mots succéda un morne silence.

Chacun devint pensif; tous les regards se portèrent sur le connétable. L'amour de madame Louise n'était un mystère pour personne; le duc ne se cachait pas pour exprimer son dédain à cet égard; a chaque instant on s'attendait à une explosion. Quant à monsieur de Bourbon, ces paroles ne semblaient avoir aucun sens pour lui; il ne s'en émouvait pas plus que si un autre eût été le sujet de cette confidence.

La conversation n'avait pas encore repris son cours, lorsqu'un huissier vint annoncer au premier chambellan que deux hommes dont il apportait les noms écrits sur un billet plié priaient monsieur le connétable de leur accorder un instant d'entretien, toute affaire cessante. Montagnac-Tausanne hésitait à déférer à cette invitation, quand le duc, qui avait l'oreille à ce qui se passait, commanda qu'on lui remît le papier. A peine y eut-il jeté les yeux, qu'il se leva de table et qu'il ordonna qu'on le laissât seul.

Ses traits étaient agités, mais on y remarquait plutôt un sentiment de joie concentrée qu'une expression de contrariété ou de mécontentement.

Lorsque la salle fut libre, sur un geste du connétable, l'huissier introduisit deux étrangers. L'un était un vieillard vêtu de noir, au maintien noble et digne; l'autre, un homme de guerre, botté, éperonné, et encore tout couvert de la poussière du voyage. Ce dernier, dans la force de l'âge, avait la mine arrogante et fière. Son visage, couturé de blessures cicatrisées, témoignait assez des services qu'il avait rendus à son pays.

Du plus loin qu'il les aperçut, le connétable courut au devant d'eux.

— Vous ici! monsieur le maréchal de Lautrec! s'écria-t-il en s'adressant à l'homme balafré. Vous ici sans un ordre du roi! Quel que soit le motif qui vous amène, soyez le bien-venu sous mon toit, et vous aussi, monsieur le surintendant Semblançay! Que voulez-vous de moi? Disposez, je vous prie, de mon épée et de mon crédit. Au fait, de quoi s'agit-il?

— J'ai perdu mon armée, monsieur le connétable, et, partant, par honneur! murmura d'une voix profonde le maréchal de Lautrec. Ma belle armée d'Italie, qui m'avait gagné vingt batailles, je l'ai perdue par la faute des traîtres qui m'ont volé mon argent !

— Vous connaissez, monsieur le connétable, poursuivit Jacques de Beaune, baron de Semblançay, la haine de la reine-mère pour la maison de Foix. C'est pour punir cette illustre famille dans la personne de monsieur le maréchal de Lautrec, son aîné, que madame Louise a retenu les quatre cent mille écus destinés à la solde des troupes.

— Alors, continua le maréchal, les Suisses ont passé à l'ennemi; les Vénitiens, nos alliés, ont pris la fuite, les Français se sont fait tuer !

Le maréchal baissa la tête, et l'on put voir deux larmes rouler dans les profondes cicatrices de ses joues.

Le connétable lui serra la main.

— Et vous aussi, monsieur de Lautrec, et vous aussi, ils vous ont choisi pour victime ! Les misérables ! Ils ont donc juré la perte du royaume! Ils veulent donc pousser bout à tout ce que la France renferme de noble et de généreux sang! Ce n'était pas assez des concussions et des rapines souterraines opérées par les lansquenets de la finance, sous le manteau de la royauté! Le brigandage a jeté le masque! C'est en plein jour, messieurs, que l'on met à sac la fortune publique! La reine-mère est, par la grace de Dieu, le digne chef de cette bande, et monsieur le chancelier de France est son lieutenant! nous vivons dans un beau temps, n'est-ce pas, messieurs? Mais patience, patience! nous verrons la fin de tout ceci!

Le connétable se promenait à grands pas

et paraissait livré à une vive agitation. Le maréchal et le surintendant s'entretenaient à voix basse. Monsieur de Bourbon se retourna brusquement de leur côté.

— Et vous avez, messieurs, des preuves de ce que vous avancez?

— La quittance de madame Louise est dans mon coffre-fort, répondit le surintendant des finances.

— Monsieur le maréchal de Lautrec! monsieur le baron de Semblançay! reprit le connétable, dans une heure trouvez-vous à l'hôtel des Tournelles! Apportez avec vous la preuve du crime! Je vous présenterai moi-même au roi, et, en présence de toute la cour, nous demanderons justice.

— Dans une heure, nous y serons, dit

le maréchal de Lautrec. Puisse ma reconnaissance, monsieur le connétable, être à même de s'acquitter un jour envers vous!

Charles de Bourbon reconduisit ses hôtes jusqu'à la porte de son hôtel. Dès qu'ils furent partis, le duc donna l'ordre à tous ses gentilshommes de se tenir prêts, en habits de gala, pour se rendre à l'hôtel des Tournelles, où le roi donnait une fête. Cette nouvelle produisit une surprise générale, car depuis long-temps le connétable évitait de se mettre en contact avec les courtisans de François Ier, ses ennemis pour la plupart. En une demi-heure tout fut préparé; les archers vêtus de leurs [hoquetons aux armes de France à la bande de gueules; les laquais en livrées splendides, portant des flambeaux de cire à la main; les chevaux caparaçonnés et battant du pied le pavé de la cour sous la houssine des pages. Le connétable félicita lui-même toute sa maison de la promptitude avec laquelle ses ordres s'étaient exécutés. Montagnac-Tausanne donna le signal du départ, et le cortége se mit en marche.

Le duc cheminait, sans mot dire, au milieu de cette longue cavalcade. Il fut tiré de sa rêverie par un grand bruit d'éclats de rire qui se fit entendre à quelques pas en avant.

— Qu'est ceci? demanda-t-il en poussant son cheval hors des rangs.

— Monseigneur, répondit de Varennes qui se porta vers la tête du cortége, j'y vais voir.

Il revint au bout de quelques minutes,

pendant lesquelles la cavalcade avait fait halte. Il était suivi par sept ou huit jeunes gens, de la maison du connétable, qui conduisaient devant eux une femme du peuple, dont les yeux hagards et les bizarres paroles excitaient leur hilarité.

— C'est une vieille folle, monseigneur, dit de Varennes, que vos archers emmènent à la geôle, pour s'être permis d'insulter plusieurs personnes de votre maison.

Monsieur de Bourbon fit signe aux archers de ne point passer outre.

—Monseigneur, raconta l'un des officiers du duc, nous étions descendus de cheval pour regarder, au clair de la lune, quelques manans pendus, de par le roi, aux échelles du carrefour voisin, lorsque cette bohême italienne, que voici, et qui rôdait de ce côté, sans doute pour quelque maléfice de son métier, s'est prise à nous dire qu'elle voudrait voir tous les arbres de France rompre sous le poids de pareils fruits.

—Elle a même ajouté, poursuivit de Lescure, que bientôt il y pousserait des capes de gentilshommes au lieu de sayons de paysans.

— Alors, reprit un autre, nous avons voulu que cette devineresse habile nous tirât notre horoscope à chacun.

— Ne s'est-elle pas avisée de nous traiter de gibier de potence en nous désignant par nos noms?

— Nous vous prions, monsieur le duc, de

permettre qu'elle soit châtiée, car en aper-
cevant vos couleurs et votre écusson, elle
a osé dire que le maître rejoindrait bientôt
les valets.

— Et quand l'un de nous est venu à
prononcer le nom de monsieur de Semblançay, elle a crié : A Montfaucon!

— J'aurais pardonné l'injure qui n'of-
fensait que moi, dit le connétable; mais
insulter un vieillard honorable, quand il
expose ses jours pour démasquer l'impos-
ture, c'est un crime qui mérite punition.
Cette femme recevra vingt coups de fouet,
et, si nous apprenons qu'elle recommence,
nous lui donnerons le logis où elle prétendait nous envoyer.

Les archers se mettaient en devoir d'exécuter la sentence, quand la vieille, s'échappant tout à coup de leurs mains :

— Monseigneur, s'écria-t-elle, permettez-moi deux mots pour ma défense. Vos valets me feront tout à l'heure payer mes paroles assez cher.

— Cinq minutes pour ta harangue !

Un éclair de joie brilla dans les yeux de la vieille. Elle passa les mains sur son front, comme pour rassembler ses idées, et, les doigts accrochés dans les mèches inégales de ses cheveux gris flottant sur ses épaules :

— Ce n'est pas la première fois, dit-elle, que mon sang va couler par vos mains. Charles de Bourbon, tu as fait de mes champs paternels une moisson de carnage où les hommes tombaient comme des épis !

Mes enfans, pauvres et innocens moutons
qui léchaient les mains de leurs bourreaux,
tes soldats les ont égorgés! Sois maudit!
La sorcière italienne, comme tes valets
l'appellent, te prédit à toi, roi de l'orgueil,
que tu boiras un jour tes pleurs et ta honte
au lieu de vin parfumé. Peut-être vivra-
t-elle assez pour le voir. Sois maudit! et
que dans tes rêves la voix de l'Italie ago-
nisante te crie incessamment à l'oreille:
Dieu t'a marqué pour l'abîme! Bourbon,
tu marches à ta perte! sois maudit!

— Tu ne te plaindras pas du moins de
ma patience, reprit le connétable, qui avait
jusque là retenu à grand'peine l'indignation de ceux qui l'entouraient.

La vieille fut livrée à un piquet d'archers
qui lui appliqua sur le lieu même, et sans

désemparer, la correction qu'avaient si bien méritée ses insolences.

La cavalcade poursuivit tranquillement sa route. Elle était déjà bien loin du lieu de la scène, qu'on apercevait encore dans les profondeu s e la nuit le flambeau de résine fumant qui éclairait les archers à la besogne, et l'on entendait la voix aigüe de la vieille crier ces mots, qui retentissaient dans la rue silencieuse : — Bourbon! tu marches à ta perte! sois maudit!

Pendant ce temps, la duchesse d'Angoulême, éblouissante de pierreries et de broderies d'or, dont l'éclat suppléait à celui que les années lui avaient ravi, recevait à l'hôtel des Tournelles les hommages de tout ce que la capitale renfermait de noblesse et de noms bien famés. La veuve de Charles d'Orléans, comte d'Angoulême, n'avait jamais passé pour belle, même à la cour, et dans la fleur de sa jeunesse. Ses traits durs et anguleux, l'expression presque masculine de sa physionomie, la sévérité glaciale de ses petits yeux gris, et les lignes proéminentes d'un nez aquilin démesurément prononcé, étaient peu faits pour avoir jamais inspiré un plus tendre sentiment que le respect. Quarante-sept ans d'âge que la duchesse comptait alors n'ajoutaient rien, on le conçoit, aux charmes dont la nature ingrate l'avait si mal pourvue dans sa parcimonie. L'ame ardente de la reine-mère cherchait donc dans les intrigues et dans les haines l'aliment dont elle avait besoin. Ne trouvant où exercer le pouvoir de ses charmes, elle s'était armée du pou voir de son rang et de son autorité. La fête donnée par le roi, son fils, était pour elle une occasion d'étaler à tous les yeux le crédit dont elle jouissait.

François Ier, occupé de débiter ses galanteries spirituelles aux dames, et d'échanger mille quolibets ingénieux avec les brillans jeunes gens qui formaient le cercle de son intimité, abandonnait à sa mère le solennel ennui des complimens et des félicitations. Madame Louise jouissait en véritable souveraine de cet encens de flatterie, qui brûle incessamment autour des fronts couronnés.

Derrière elle se tenaient ses amis et ses créatures, qui attendaient impatiemment que le moment fût venu d'humilier et de perdre l'ennemi commun dont ils étaient jaloux. Monsieur de Montchenu vint serrer affectueusement la main de l'amiral de Bonnivet, qui s'entretenait à voix basse avec monsieur Chabot de Brion.

— Hé bien! dit-il, quoi de nouveau? madame d'Angoulême a-t-elle vu le roi?

— Sa Majesté, répondit l'amiral, n'a rien à refuser à sa mère, comme vous savez.

— Ainsi le procès aura lieu?

—Sans doute, ajouta monsieur de Montchenu. Quand cet homme vaniteux sera dépouillé de ses terres et de ses pensions, il faudra bien qu'il affiche un peu moins de mépris pour les favoris, comme il nous appelle.

— Moi, poursuivit Chabot de Brion, je

l'ai toujours haï pour son faste depuis le jour du couronnement du roi. Je le vois encore à cheval à côté de Sa Majesté : il semblait qu'il voulût éclipser son maître. Sa robe longue de douze aunes avait coûté, dit-on, trois cents écus d'or par chaque aune; elle était fourrée de martres-zibelines, et son bonnet, chargé de bagues jusqu'à la valeur de cent mille écus.

— Au baptême de son fils, le petit comte de Clermont, célébré au château de Moulins avec une pompe vraiment royale, je me souviens, dit l'amiral, qu'il traînait à sa suite cinq cents gentilshommes vêtus de velours de Lyon, et dont chacun avait reçu de lui en présent une chaîne d'or à trois tours.

— Tout récemment encore, messieurs,

quand on lui donna l'ordre d'aller défendre
la Picardie, il y entra avec six mille hommes
de pied et huit cents chevaux levés de ses
propres deniers.

— Aussi, interrompit l'amiral de Bonnivet, le roi le jugeant trop riche, divisa-t-il
ses quatre gouvernemens. Au duc d'A-
lençon il donna la charge de la Champagne ;
à monsieur de Lautrec, la duché de Milan ;
au duc de Vendôme, la Picardie ; à moi, la
Guyenne. Le connétable n'a pas oublié
cette injure, messieurs, non plus qu'il n'a
oublié qu'au passage de l'Escaut, le commandement de l'avant-garde lui fut retiré
par le roi pour le donner à monsieur d'A-
lençon.

— Je fais des vœux, répliqua monsieur
de Montchenu, pour que madame d'An-

goulême rogne enfin les griffes de ce lion
affamé qui menaçait de nous dévorer tous.
Mais croyez-vous, mon cher amiral, qu'a-
près son aventure de cette nuit, monsieur
de Bourbon, pour [soutenir sa bravade , ose
tenir parole et se présenter aux Tournelles?

—Il est capable de tout. Mais chut ! voici
madame la duchesse qui aborbe monsieur
le chancelier. Éloignons-nous un peu. Demain, nous saurons ce qu'on aura décidé.

Du milieu d'un groupe d'ambassadeurs
et de seigneurs étrangers où elle se plaisait à exagérer encore l'immense influence
qu'elle exerçait sur l'esprit du roi, la duchesse d'Angoulême venait en effet d'apercevoir le chancelier Duprat qui semblait
s'efforcer d'arriver jusqu'à elle; aussitôt

elle s'achemina vers lui, et, lui faisant signe de la suivre dans l'embrasure d'une fenêtre :

— Hé bien, monsieur le chancelier, me garantissez-vous l'appui du parlement ?

— Madame, répondit Duprat en s'inclinant jusqu'à terre, le parlement se met à vos pieds.

— C'est bien, fit la duchesse ; il faut maintenant terrasser le nouvel ennemi qui nous menace. Monsieur de Lautrec.....

— Est à Paris, je le sais ; mais ce que vous ignorez peut-être, c'est que monsieur de Bourbon se propose de le présenter ce soir au roi.

— Grand Dieu ! comment parer ce nouveau coup ? murmura madame Louise de

Savoie, qui sembla pâlir sous l'épaisse couche de carmin et de céruse dont ses joues royales étaient empourprées. Dans un instant ils seront ici! Le roi est là qui attend l'entrevue que lui a fait demander monsieur le connétable! Je suis perdue si monsieur de Lautrec parvient à lui parler! Cette quittance de quatre cent mille écus que j'ai eu l'imprudence de laisser entre les mains du surintendant, ils ne manqueront pas de la produire. Allez! courez, monsieur le chancelier, voyez monsieur de Semblançay; il faut le prier, le séduire, le menacer au besoin!

Le chancelier se prit à sourire; la duchesse attendait son avis avec anxiété.

— Le séduire? répéta Antoine Duprat.

Inutile, Madame, il vaut mieux l'accuser!

— Par quel moyen? tirez-moi de ce nouveau péril.

— J'ai pourvu à tout.

— Monsieur le chancelier, s'écria la duchesse, vous êtes ma providence! Voulez-vous le collier de Saint-Michel?

—Madame, répondit le rusé magistrat en s'inclinant de nouveau, madame, je ne suis ni duc ni pair...

— Voulez-vous le devenir?

Les yeux d'Antoine Duprat s'allumèrent d'un cercle de feu comme les yeux d'un loup à l'aspect d'une brebis éloignée de ses gardiens. Il se contint pourtant, et, affectant une hypocrite modestie, il répliqua:

— Simple gentilhomme d'Auvergne, de maître des requêtes de l'hôtel du feu roi Louis XII, devenu par vos bontés premier président du parlement de Paris, puis chancelier de France, je laisse à de plus ambitieux des titres dont je ne suis pas digne.

— Que souhaitez-vous enfin? interrompit la duchesse impatientée de ses réticences. Parlez! dites un mot!

— Madame, répondit le chancelier avec un calme parfait, j'ai toujours pensé que les clés de Saint-Pierre ouvriraient bien des portes à la France si elles tombaient jamais dans les mains d'un Français intelligent, actif, dévoué à la famille de ses rois.

Madame d'Angoulême le regarda d'un air étonné.

— Mais je n'ai pas le pouvoir de vous faire pape, Monsieur, balbutia-t-elle. Vous n'êtes encore pourvu que d'un évêché, et, pour siéger au conclave, il faut un chapeau de cardinal.

— C'est ce que j'allais faire observer à Votre Majesté.

— Vous serez cardinal, monsieur le chancelier. Mais vous avez, dites-vous, le moyen d'annuler les preuves de monsieur le surintendant.

— Oui, Madame.

— Quel est ce moyen ?

Antoine Duprat releva la tête, et, insinuant doucement sa main dans sa simarre, il demeura quelques instans à contempler en silence l'impatiente impétuosité de la reine-mère ; puis, enfin, il laissa tomber lentement ces mots dans l'oreille de la duchesse.

— Cette quittance sur laquelle reposent toutes les espérances de vos ennemis..... ils ne la produiront pas, car la voici !

— Ma quittance ! s'écria la duchesse en froissant entre ses mains le papier que venait de lui remettre le chancelier de France ; ma quittance ! c'est bien elle ! mon cher Duprat ! vous aurez votre chapeau de cardinal !

— Vous me comblez, Madame, balbutia la future éminence.

— Vous aurez de plus, sur les biens de monsieur de Bourbon, après le gain du procès, les baronies de Thiern et de Thouri, que vous convoitez depuis long-temps, je le sais. Maintenant dites-moi par quel heureux hasard cette pièce importante.....

—Rien de plus simple : un commis nommé Gentil, gagné à prix d'argent.... une promesse d'avancement.....

— Que je me charge de tenir! Vous porterez maître Gentil sur la liste des conseillers à nommer. A cette heure, que la comtesse de Châteaubriand, que messieurs les maréchaux de Foix et de Lautrec, ses deux frères, s'unissent à monsieur de Bourbon pour me perdre! Je les défie tous!

Comme la duchesse d'Angoulême prononçait ces paroles, une vaste rumeur se fit entendre, et la foule des courtisans ondula en tous sens, pressée par une autre foule qui débouchait du grand escalier de marbre du palais, et qui venait se mêler à elle. La duchesse frémit en reconnaissant l'écusson de France à la bande de gueules brodé sur les habits des pages rangés aux portes extérieures des salons royaux. Tous les regards étaient fixés sur les notables personnages qui formaient le cortége du connétable, et qui précédaient sa personne.

En tête marchaient les officiers ordinaires de la maison de Bourbon; puis une affluence de gens d'épée, de robe et de finance; ses affidés, ses amis et commensaux, parmi lesquels monsieur Jean de Poitiers, seigneur et comte de Saint-Vallier, Monseigneur l'évêque d'Autun, et Monseigneur de Chabannes, évêque du Puy.

Le connétable parut le dernier dans un costume magnifique, le sourire sur les lèvres, et répondant par un salut de la main aux hommages et aux salutations qui l'accueillaient sur son passage.

Malgré la froideur cérémonieuse qui existait depuis quelque temps entre le roi et son cousin, les courtisans continuaient à encenser le général illustre et le prince du sang royal, puisque l'ordre du maître souverain et le complaisant arrêt du parlement ne leur avaient pas encore fait une loi de l'ingratitude et de l'insulte.

La duchesse d'Angoulême voulut éviter la rencontre du connétable; mais celui-ci la salua gracieusement en lui disant bien bas:

— Vous voyez, madame, que je suis exact à mes rendez-vous.

La duchesse aperçut le roi qui s'appro-
6*

chait du groupe au milieu duquel se tenait monsieur de Bourbon; elle sortit de la foule avec le chancelier. Le connétable s'avança vers le roi, le chapeau à la main. François, à qui la présence du héros dont il était jaloux n'inspirait pas moins de honte que de mauvaise humeur, s'efforça de trouver une parole aimable pour mieux cacher l'injustice du traitement qu'il lui préparait; mais les deux cousins ne purent si bien maîtriser leurs secrets sentimens, qu'un peu d'aigreur ne se mêlât tout d'abord à leurs discours.

— Vive Dieu! dit le roi, quel heureux hasard vous amène ici, monsieur le connétable? Vous ne nous habituez pas, pour dire vrai, à vous voir en notre logis, sans quelque motif qui rende votre visite nécessaire.

— Votre Majesté, répondit le connétable, s'étonne à bon titre de ma présence à l'hôtel des Tournelles. Ce n'est pas en effet à la veille d'un injuste procès, qui tend à me dépouiller de mes biens, que j'ai lieu de me réjouir et de venir mendier ici des faveurs. Mon bon droit, Sire, est ma sauvegarde et ma seule espérance.

— Vous avez raison, mon cousin, repartit François Ier, de vous confier en vos juges. Mais, il faut l'avouer, vous êtes peu endurant et bien haut à la main. Et tenez, entre nous, vous avez plus l'air à cette heure de dicter une capitulation aux Impériaux, que de solliciter la bienveillance de notre parlement.

— Sire! je ne demande que justice.

— On vous la rendra, monsieur;

foi de gentilhomme! on vous la rendra!

— J'y ai compté, dit le connétable en jetant les yeux autour de lui comme pour y chercher quelqu'un à qui s'adressaient aussi ces paroles.—La duchesse et le chancelier avaient quitté la galerie. — J'y ai compté, poursuivit monsieur de Bourbon, c'est pourquoi vous me voyez chez vous, prenant en main la défense des opprimés.

A ce moment le maréchal de Lautrec sortit de la foule et se présenta aux regards du roi.

— Vous ici! s'écria François en fronçant le sourcil; vous ici, monsieur le maréchal de Lautrec? ici sans mon ordre? Et votre armée?....

— Perdue! Sire, répliqua le connétable, perdue par la trahison de vos favoris!

— Quoi! perdue tout entière? demanda
le roi avec désespoir.

Le connétable continua, et, à mesure
qu'il parlait, ses yeux s'enflammaient et
semblaient jeter des éclairs.

—Monsieur de Bayard a sauvé les débris de vos escadrons. De tout le Milanais il ne vous reste plus par delà les
Alpes que le seul château-fort de Cré-
mone! François Sforce, votre ennemi,
commande à Milan! Gênes est prise et
pillée! Antoine Adorne, proclamé doge
par les Espagnols, au lieu d'Octavien
Frégose, qui vous était dévoué! Pierre de

Navarre, dans les fers! les Suisses de votre garde, débandés! les Vénitiens, vos alliés, détachés de vous! les maréchaux de Foix et de Montmorency, battus, blessés, écrasés! l'élite de votre jeune noblesse tuée à côté de ses chefs! voilà! voilà ce qu'ont fait vos courtisans! Tout ce sang est retombé en broderies d'or et d'argent sur leurs manteaux; en aigrettes de diamans sur les têtes de leurs femmes et de leurs maîtresses! Ils en font parade, à cette heure, sous les mille flambeaux de vos galeries! Place! place! Sire! regardez-les passer!.....

— Ah! malheur sur nous! murmura le roi d'une voix profondément émue. Couvrons de deuil nos habits de fête pour pleurer ceux qui ne sont plus!

— Sire, repartit le connétable, couvrons-nous de fer plutôt pour les venger !

Un silence d'effroi succéda au récit de cet événement désastreux. Les créatures et les flatteurs de la duchesse n'osaient lever les yeux. Le roi paraissait attéré. Les vieux capitaines froissaient avec une sourde colère la poignée de leurs épées, ou échangeaient un regard de douleur. Le connétable, les bras croisés sur sa poitrine, regardait tout le monde au visage et attendait la punition du crime qu'il avait dénoncé. Cette heure était solennelle. Elle allait décider la perte de la duchesse ou celle du premier prince du sang.

François fit signe au maréchal de s'approcher.

— Monsieur de Lautrec, lui dit-il, vous

répondrez de l'accusation qu'on ose porter en votre nom !

— J'en répondrai, Sire, repartit l'émule et le cousin de nom et d'armes de l'héroïque Gaston de Foix. Les quatre cent mille écus que m'annonçaient vos lettres ne m'ont pas été remis. Votre gendarmerie a eu la générosité de servir dix-huit mois sans toucher un denier; mais les lansquenets et les Suisses m'ont échappé en me criant : Congé ou argent! De là tous nos malheurs!

— Et qui donc a retenu cet argent? s'écria François Ier au comble de la fureur.

Le connétable se pencha sur l'épaule du roi et lui dit à voix basse :

— Monsieur le surintendant Semblançay
vous remettra la quittance de madame
votre mère.

François saisit avec force le bras du
connétable :

— Mon cousin, lui dit-il, si cela est, je
jure Dieu que mon respect pour elle ne la
sauvera pas de la disgrace. Mais la calomnie est ingénieuse dans ses accusations,
vous le savez. Qu'on appelle monsieur le
surintendant des finances.

Le baron de Semblançay se fit jour à
travers la multitude et vint tomber aux pieds
du roi :

— Sire, balbutia le malheureux vieillard, je viens mettre ma vie à vos pieds.

— Parlez! parlez! lui criait-on de toutes
parts.

— Nommez le coupable!

— C'est vergogne de se faire ainsi prier.

— Nommez-le, quel qu'il soit, le roi le veut!

— Sire, reprit le surintendant, vous savez si pendant quarante années des plus difficiles fonctions je vous ai servi avec honneur et loyauté.

— Je me plais à le reconnaître, Monsieur!

— Si dans les besoins de l'État j'hésitai à disposer pour vous de ma propre fortune et du crédit de mes amis...

— Je le sais.

— Hé bien, le malheur des temps veut

qu'une quittance soustraite dans mes papiers m'expose à passer aujourd'hui pour
un dilapidateur des fonds de l'État, et
pour un lâche imposteur. Ah! Sire, vous
ne le croirez pas! vous ne ferez pas cette
mortelle injure au vieillard que, dans les
élans de votre bonté, vous appeliez autrefois votre père! Image de Dieu sur la
terre, vous lirez comme lui dans mon
ame, et vous sauverez mon nom du
mépris!

— Relevez-vous, monsieur, lui dit le
roi d'un ton sévère et glacé, et ne reparaissez
devant nous qu'après en avoir reçu l'ordre.

Semblançay se retira. Hélas! l'infortuné
ne savait pas qu'il devait témoigner de son
sang; martyr de la vérité, que son inno-
cence et ses vertus ne sauvèrent pas. Le

roi le fit pendre à Montfaucon pour ce fait, quelques années plus tard, comme Charles IX, dans le cours de ce même siècle, fit égorger l'amiral de Coligny, qu'il appelait aussi son père !

Après le départ du surintendant, François Ier se tourna vers un groupe de gentilshommes où se trouvaient les plus acharnés ennemis du connétable : Chabot de Brion, l'amiral de Bonnivet, Montchenu, et d'autres encore.

— Messieurs, s'écria-t-il, c'est à vous qu'il appartient de venger nos frères morts! Je commanderai en personne la nouvelle armée qui passera les Alpes. Lyon sera le quartier-général. Monsieur de Bonnivet, je vous nomme au commandement de l'avant-garde. Monsieur de Lorges, vous irez m'attendre avec 12,000 hommes dans les plaines du Piémont. Je ne vous y laisserai pas languir. Nous reprendrons le Milanais, messieurs, ou les Impériaux apprendront comment un roi de France sait mourir!

— Nous sommes disgraciés, monsieur le duc, dit au connétable le maréchal de Lautrec, quand ils se trouvèrent seuls dans la longue galerie déserte que le roi venait de quitter, suivi de sa cour.

— Du fond de mon château de Moulins, repartit monsieur de Bourbon, je lui apprendrai, moi, que ce n'est pas avec des courtisans que l'on gagne des batailles!

SECONDE PARTIE.

La Défection.

—

§ I.

7*

I

Un an s'était à peine écoulé depuis la triste issue de l'affaire du surintendant Semblançay, et déjà le Parlement de Paris, docile aux volontés de la reine-mère et aux insinuations du chancelier Duprat, avait prononcé le séquestre des biens du connétable.

Bourbon, retiré dans son château de Moulins, jetait en soupirant un regard sur sa splendeur passée, et, dans l'oisiveté que lui avait faite l'injuste disgrace dont il était victime, il s'indignait de voir à quels hommes François Ier venait de confier le commandement de sa nouvelle expédition du Milanais.

Plus de fêtes dans ce manoir antique, où si long-temps il avait reçu l'élite de la noblesse de France ! Le silence recouvrait comme un crêpe de deuil les allées sombres de ces jardins égayés autrefois par de fraîches cascades, au bord desquelles un peuple de courtisans étalait incessament l'or et le velours de ses manteaux. Les vieux faunes de marbre, habillés de mousse et voilés à demi par les branches incultes des grands

arbres, semblaient dormir sur leurs piédes-
taux, oubliés comme des figures d'aïeux sur
les dalles des sépulcres. La plus triste, la
plus délaissée, la plus imposante entre toutes
ces ruines, c'était le connétable de Bourbon.

Tout changea de face au château de
Moulins, lorsqu'un gentilhomme, arrivé de
Lyon, tout couvert de poussière, accourut
annoncer au duc, qu'avant de passer les Alpes, le roi en personne se disposait à lui
rendre visite. Le visage du connétable
reprit alors sa sérénité, et les jardins leur
parure. Des courriers chargés de lettres
sillonnèrent les routes du Bourbonnais.
Une affluence de seigneurs et de dames
remplit comme par enchantement les appartemens déserts du château. Des sommes
énormes furent dépensées, et le domaine
de Moulins redevint en peu de jours plus

luxueux et plus royal qu'il ne l'avait jamais été.

Le duc, à l'issue d'un tournoi auquel François Ier avait assisté, venait de quitter le roi sur le seuil du somptueux logis qu'il lui avait préparé, lorsqu'il rencontra dans une des galeries du château quelques uns de ses principaux officiers arrivés en toute hâte pour faire honneur à leur maît re

Parmi eux se trouvait monsieur de Saint-Romain, jeune homme enthousiaste de la gloire du connétable, et dont la faveur auprès du duc était malignement expliquée par l'intérêt tout particulier que Son Altesse portait à Suzanne de Langelfeld, femme de ce gentilhomme. Au château de Moulins, comme à l'hôtel des Tournelles,

on était généralement persuadé que Saint-
Romain, en courtisan habile et discret,
connaissait les motifs de l'insigne amitié en
laquelle le tenait le duc, et, pour dire la
vérité, bon nombre le critiquaient plutôt
par envie que par vertu. Ponthus de Saint-
Romain était accompagné de monsieur de
Buren, ou de Beaurain, fils du comte de
Rœulx, chambellan du roi d'Espagne, et
aussi de monsieur de Frundsberg, colonel
de lansquenets, lesquels ne quittaient
plus monsieur de Bourbon depuis l'offense qu'il avait reçue de François Ier.
Ces deux personnages, apostés auprès du
duc par Charles-Quint lui-même, cher-
chaient toutes les occasions d'aigrir sa rancune contre le roi et de le pousser dans le
parti de l'empereur.

— Hé bien! Messieurs, leur dit le connétable en affectant un air d'hilarité sous lequel il essayait de masquer son dépit, pensez-vous que le roi soit content de notre fête?

— Elle est splendide et magnifique, monseigneur, répondit monsieur de Buren. Le château de   oulins n'a décidément rien à envier à l'hôtel des Tournelles.

— Madame d'Angoulême et messieurs du Parlement, continua le colonel Frundsberg, en vont mourir de dépit.

— Et pourtant, reprit le connétable, ils espéraient m'avilir en me dépouillant de mes terres et de mes pensions, en forçant un prince du sang royal de France à se montrer aux Français dans le piètre équipage d'un cadet de famille, ruiné par

ses mauvaises mœurs! Sainte-Barbe! il
n'en sera pas à leurs souhaits! Tant qu'il
me restera un joyau de famille, une pièce
de vaisselle à mes armes, je paraîtrai tel
que je fus toujours, avec le lustre qui sied
à mon rang.

Le duc était retombé dans ses rêveries,
que Saint-Romain interrompit par ces
mots :

— Soupçonnez-vous, monsieur le connétable, le but de cette visite du roi ?

— Il a compris que c'est une mauvaise
arrière-garde à laisser de ce côté des Alpes,
qu'une offense toute saignante dans un
cœur comme le mien.

Monsieur de Buren jeta un regard d'in-
telligence au colonel Frundsberg, puis il
dit :

— A la cour de l'empereur Charles-Quint, où j'ai passé ma jeunesse, monsieur le duc, une telle injure n'eût pas été faite à un héros de votre sorte. Hélas! pourquoi n'êtes-vous pas né sujet de l'Empereur! ou pourquoi ne voulez-vous pas le devenir? ajouta-t-il en baissant la voix. Le premier rang, après lui, vous eût appartenu; une couronne ne lui aurait pas semblé un trop riche présent pour un héros qui lui eût conquis le monde.

Ces paroles arrachèrent un soupir au duc de Bourbon, qui fit un triste retour sur sa vie écoulée.

— O François Ier! s'écria-t-il, jeune lion que j'ai vu combattre à Marignan! comment es-tu devenu cet agneau timide qu'une main de femme gouverne à son caprice? Un mot de ta mère suffit pour effacer mes victoires. Aujourd'hui, pour une larme, tu lui livres mes titres et mes biens. Qui me répond que demain tu ne lui donneras pas ma tête pour un sourire?...

— Dites un mot, monseigneur, hasarda le colonel Frundsberg, et demain vous prenez le commandement des armées impériales en Italie!

— Dépend-il donc de vous de me l'offrir? demanda le duc d'un ton qui semblait commander une explication plus directe.

Monsieur de Buren s'approcha du connétable, et tirant à demi de son pourpoint une lettre scellée du sceau impérial :

— Nous sommes porteurs des ordres de Sa Majesté.

Monsieur de Bourbon éprouva un frissonnement par tout son corps. Il saisit son front dans ses deux mains.

— Ma tête s'égare! dit-il. Écraser ces infâmes! humilier François Ier! emplir le monde du bruit de ma vengeance!...

— Et de votre honte, monseigneur, s'écria Saint-Romain, pâle de terreur. Juste ciel! que le souvenir de vos aïeux vous protége, monsieur le duc! Ils sont tous morts pour le roi et la France! Pierre de Bourbon, en 1356, à la journée de Poitiers! Jacques de Bourbon et Pierre son fils à la journée de Brignay, près de Lyon! Louis de Bourbon, en 1445, à la bataille d'Azincourt! François de Bourbon à la journée de Marignan!

Les émissaires espagnols remarquèrent l'hésitation du connétable. Monsieur de Buren se hâta de la dissiper par ces paroles :

— Outre la lieutenance-générale de ses armées, dont il vous investit, monseigneur, l'Empereur s'engage dès à présent à ériger en royaume les états de Bourbon, auxquels on joindra la Provence et le Dauphiné. Il vous offre en mariage la princesse Dona Léonora, sa sœur, veuve du roi de Portugal, et il promet de l'instituer son héritière et celle de son frère l'archiduc Ferdinand, à défaut d'enfans mâles de tous deux. Voyez! voyez, monsieur le duc! Tout cela est écrit et signé de la main de l'Empereur!

Le connétable se précipita sur la lettre que lui offrait monsieur de Buren, et il la lut d'un bout à l'autre sans proférer une parole. Chacun attendait avec anxiété sa réponse. Saint-Romain se tenait, les mains jointes, auprès de son maître comme pour le supplier de songer à sa gloire.

Le duc remit brusquement la lettre dans les mains de monsieur de Buren.

— Hé bien, monseigneur? murmura celui-ci.

— Je refuse, répondit froidement le connétable.

Au même instant on annonça le roi. Tous les visages reprirent leur calme et leur indifférence habituelle, excepté pourtant celui de monsieur de Bourbon, sur lequel brillait encore comme un reflet de la tempête qui venait de bouleverser cette grande ame. L'émotion du duc ne put échapper à la sagacité de François.

Le roi n'avait entrepris ce voyage de Moulins que pour vérifier certains bruits qui accusaient le connétable de prêter l'oreille aux mauvais desseins que les partisans de l'Espagne machinaient, disait-on, afin d'opérer une diversion de ce côté, pendant que l'armée française serait engagée dans le Milanais. Le roi fronça le sourcil en voyant messieurs de Buren et Frundsberg auprès de son hôte. Il se remit pourtant, et, touchant la main du connétable :

— Je suis content, mon cousin, lui dit-il, de l'hospitalité que j'ai reçue chez vous.

Foi de gentilhomme! un roi couronné ne ferait pas plus royalement.

— Il n'a pas tenu à votre Parlement, Sire, répondit le duc, qu'il me soit demeuré un lit pour l'offrir à Votre Majesté. Mais le radeau de notre fortune n'est pas tellement disjoint et rompu qu'il ne nous en reste une planche où nous puissions mettre le pied.

— Avant de vous y abandonner, mon cousin, reprit François, il serait bon de vous assurer si elle est assez solide pour vous porter sans péril.

— Sire, interrompit monsieur de Bourbon, la Providence est pour tous.

— Je souhaite qu'elle vous conduise, monsieur. Quand je quitterai votre château, car mes devoirs me défendent de prolonger au delà de cette journée le plaisir que j'éprouve en votre compagnie, je désire vous entretenir seul à seul.

— Je me rendrai, Sire, à vos ordres.

— C'est bien. Monsieur l'amiral de Bonnivet, monsieur de Brion et quelques autres de nos amis viennent de mettre pied à terre à votre porte. Veuillez faire en sorte qu'ils soient bien reçus et traités pour l'amour de moi, monsieur.

Le duc fit un signe de respect et de soumission.

— Je veux, mon cousin, ajouta le roi en se retirant, que si un jour l'un de nous venait à manquer à l'autre, on puisse juger de quelle part sont demeurés la loyauté et l'honneur.

8*

— Les Français, répliqua le duc, savent que, si jamais j'ai failli, ce n'a été, Dieu merci! ni de ce côté ni de l'autre.

Le roi descendit dans les jardins, s'entretenant tout bas avec les gentilshommes qui l'avaient accompagné. On entendait retentir dans les cours les piaffemens des chevaux qui avaient amené monsieur l'amiral et sa suite. Le connétable désigna Saint-Romain pour faire à ses hôtes, en son nom, les honneurs de son domaine. Quant à lui, il se retira dans ses appartemens, après avoir défendu à ses gens de l'y venir troubler, sous quelque prétexte que ce fût.

Saint-Romain alla recevoir les nouveaux hôtes de son illustre maître. En un instant un splendide repas leur fut servi dans une des galeries du château, dont tous

les murs étaient garnis de tableaux des
meilleurs maîtres italiens, représentant les
grandes actions qui avaient illustré les an-
cêtres du duc Charles de Bourbon. Chacun des convives du château, en s'asseyant devant ces peintures, fut obligé
d'avouer dans le fond de sa conscience que
le connétable absent était le plus glorieux
de tous ces héros dont la postérité avait
consacré le renom.

Il fallait à Saint-Romain l'ordre exprès
de son maître pour le décider à rester au
milieu de ces hommes qu'il savait être les
ennemis acharnés du duc et les auteurs de
sa disgrace. Ici, c'était Bonnivet qui lui
avait ravi son gouvernement de Guyenne et
son commandement de l'armée d'Italie ;
là, Chabot de Brion, grand fauconnier de

la couronne, qui, du fond de sa vénerie, prétendait en remontrer dans l'art de la guerre au plus habile général dont la France pût alors se glorifier; là-bas encore, monsieur de Montchenu, maître-d'hôtel du roi, qui voulait aussi trancher du capitaine et du triomphateur; puis, venaient après eux Perrot de Warty, de Ligny et quelques autres jeunes gens à peine hors de pages, qui, pour se pousser en faveur dans l'esprit des familiers des Tournelles, renchérissaient encore sur les outrages qu'on prodiguait au prince que voulaient perdre les flatteurs de la reine-mère.

Renfermant dans son cœur le mépris et la haine qu'il ressentait pour ces fauteurs d'intrigues, Saint-Romain mettait tous ses soins à leur faire noblement les honneurs du château de Moulins. Obéir aux moindres ordres du connétable, satisfaire ses plus petits désirs avant même qu'il eût pris la peine de les exprimer, tel était le plan de conduite que s'était tracé ce candide et loyal jeune homme, depuis que les bienfaits du duc avaient ajouté les droits de la reconnaissance à la profonde et sincère admiration qu'il avait conçue pour son protecteur. Il eût bravé la mort pour épargner un souci au connétable ; et, pour défendre sa gloire outragée, ce n'eût pas été trop pour lui de répandre tout son sang. L'amour qu'il éprouvait pour sa femme, Suzanne de Langenfeld, était le seul côté par où son cœur fût accessible à un autre sentiment que ce dévouement qui le dominait tout entier. Élevé loin de la cour, peu fait au beau langage de la rue Saint-Antoine, et à cette science de déguiser la calomnie et l'insulte sous le vernis de l'éloge et du respect, Saint-Romain s'entretint long-temps avec les nouveaux hôtes du château, sans s'apercevoir que chaque mot de leur conversation était une moquerie dirigée contre le duc et contre lui-même. Les convives, enhardis par le stoïcisme avec lequel le jeune homme accueillait leurs propos, qu'il ne songeait pas même à rele-ver, excités peut-être aussi par de copieu-ses libations de vin d'Espagne, déchirèrent par tant d'endroits le voile de l'allusion, qu'il fallut bien enfin que l'objet de leurs mystifications ouvrît les yeux.

Dès l'instant où Saint-Romain put se douter que c'était bien à lui qu'on en avait, son oreille et son humeur devinrent plus

chatouilleuses, et il lut dans le sourire de ses
agresseurs celles de leurs paroles qu'il ne
comprenait pas. Un des jeunes gentilshommes de monsieur de Bonnivet rompit la
glace le premier, en racontant, sans nommer
les héros, mais avec assez d'indications
pour qu'on les reconnût facilement, l'a-
venture de madame de Saint-Romain et du
connétable, telle qu'il l'avait apprise de
l'amiral. Perrot de Warty, pour ne pas
demeurer en reste, accompagna le récit
d'un commentaire qui fit sauter hors de
son fauteuil Saint-Romain, pâle de colère
et les yeux allumés par la vengeance :

— Misérable lâche! s'écria-t-il, je te
châtierai comme tu mérites. Et il courut
sur lui l'épée haute; mais le jeune comte
de Ligny eut le temps d'arrêter son bras.

— Pardieu! dit de Warty, à qui ce mouvement donna le temps de tirer son épée, laisse-le venir à moi! N'ai-je pas trahi un beau secret, sur ma foi! Et où diable y a-t-il ici quelqu'un, même en y comprenant cet honnête mari du Bourbonnais, qui ne sache que madame de Saint-Romain est la maîtresse du connétable de Bourbon?

Saint-Romain se débarrassa de l'étreinte du comte de Ligny, et, d'un coup de son épée, il fit rouler à terre celui qui l'insultait. On s'empressa autour du blessé qui, percé de part en part, et transporté dans une salle voisine, répétait encore dans les bras de ses amis :

— Tout cela n'empêche pas que madame de Saint-Romain ne soit la maîtresse du connétable de Bourbon.

On avait arraché l'épée sanglante des doigts crispés de Saint-Romain. Bonnivet voulut rester seul avec lui pour le calmer, pendant que les autres convives accompagnaient le médecin du château dans la chambre du malheureux de Warty.

— Monsieur l'amiral, répétait Saint-Romain, un de vos gens m'a publiquement outragé. Il faut qu'il rétracte publiquement sa calommie; il le faut pour mon honneur, ou j'irai demander justice au roi.

— Loin de moi, répliqua l'amiral, la pensée d'excuser l'imprudence de ce pauvre Warty. Il a eu tort, monsieur, je vous le concède. Mais aller vous plaindre au roi, à toute la cour, y pensez-vous?

— J'irai pourtant, monsieur l'amiral.

— Allons, Saint-Romain, soyez calme. Ne divulguez rien; ne vous donnez pas en spectacle à cette foule toujours avide de scandale. Ce n'est pas la première fois qu'un tel malheur frappe un honnête homme. Puisque vous l'affirmez, je veux croire que vous ignoriez cette intrigue.

— Vous n'y croyez pas vous-même, monsieur, répliqua Saint-Romain, ma femme est honnête et sage, n'est-ce pas? vous le savez. Monsieur le duc est homme d'honneur, vous le savez aussi. Pourquoi en vouloir faire à mes yeux deux monstres que je ne pourrais plus regarder sans haine; car ils m'auraient trompé. C'est inutile, je ne puis croire à cela.

— Pourtant, insinua l'amiral, si l'on vous donnait une preuve.

—Une preuve !... Oh ! non... cette preuve n'existe pas.

— Il ne tient qu'à vous de vous convaincre, aujourd'hui... dans une heure... à l'instant même.

La fureur du jeune homme s'était transformée tout à coup en un horrible abattement ; il n'osait ni parler ni se taire ; ses yeux baissés redoutaient de rencontrer le regard de monsieur de Bonnivet. Celui-ci le pressait de plus en plus.

—Une preuve ! répéta Saint-Romain : oh ! non ; n'achevez pas, je ne veux rien savoir, rien rechercher, rien examiner ; je craindrais trop que mon jugement prévenu ne se prît à l'appât d'un piége. — L'amiral poursuivit :

— Madame de Saint-Romain, que vous croyez à Paris occupée des devoirs de sa charge auprès de madame d'Angoulême, madame de Saint-Romain se cache ici depuis hier sous un faux nom, dans une maison de la ville. Hier, reprit Bonnivet après un silence que le jeune homme attéré n'avait pas la force de rompre, hier elle a fait rendre une lettre à monsieur de Bourbon par une femme du peuple qui a feint de venir demander un secours.

— Et cette femme... interrompit Saint-Romain...

— Cette femme, vous la verrez. Elle vous conduira au rendez-vous qu'elle-même a donné à monsieur le connétable.

En ce moment on frappa doucement à la

porte de la galerie. L'amiral entrouvrit cette porte : une vieille femme s'avança. Bonnivet la prit par le bras et la conduisit sans dire un mot auprès de Saint-Romain, puis il se retira. Le mari de Suzanne, accoudé sur le dos d'un fauteuil, regardait venir à lui cette apparition qui semblait évoquée d'un tombeau. Les malheurs et la souffrance, plutôt que les années, avaient vieilli les traits de cette femme, sur lesquels on démêlait encore les traces d'une beauté absente. Son front hautain, ses longs yeux noirs qui jetaient des éclairs par intervalles, contrastaient d'une façon bizarre avec la pauvreté de ses habits.

— Qui êtes-vous? demanda le jeune homme.

— Une misérable femme que monsieur

le duc de Bourbon, un soir qu'il se rendait aux Tournelles, fit battre à coups de fouet, par ses gens, dans la rue Saint-Antoine. N'étiez-vous pas de ceux-là, vous?

— Non, répliqua Saint-Romain. Que m'importe ceci! As-tu autre chose à me dire?

— Vos amis m'appelaient la sorcière italienne; jugez de ce que je dois savoir.

— Au fait! me feras-tu voir ce que tu as dit?

— Aussi vrai que mes malédictions poursuivront jusqu'au dernier jour votre connétable et tous ceux qui l'ont aidé dans ses massacres du Milanais!

— Songe à quoi tu t'engages! c'est la mort, si tu me trompais.

— Je le sais.

— Et madame de Saint-Romain sera là, dis-tu, chez le duc ?

— Elle vous y attend.

— Comment le sais-tu ?

— C'est moi qui l'ai conduite à Moulins. Elle hésitait, je l'ai persuadée; elle tremblait, je l'ai rassurée.

— Malheur à toi !

— Non, malheur à lui ! à l'assassin de mes enfans ! Croyez-vous que j'abandonne si tôt mes projets ? Pour la conduire ici, j'ai feint la misère auprès de votre femme ; elle m'a donné sa bourse et du pain. Les cœurs qui aiment s'apitoyent aisément ! Pour acquérir sa confiance, j'ai simulé des larmes, et j'ai vu ses lèvres de rose s'appuyer sur ce front flétri; ses lèvres dont les baisers sont si doux !

— Ah! tais-toi! Va-t-en! va-t-en! sorcière maudite! Non! reste! donne-moi ta main pour me guider, car mes yeux se troublent. Viens! viens! conduis-moi.

— Oui, je vous conduirai, reprit la vieille en s'attachant de ses deux mains au bras du jeune homme. Vous la punirez de votre déshonneur, n'est-ce-pas? Promettez-le-moi. Vous avez votre épée, votre poignard; fort bien! Quant au séducteur de Suzanne, un bras plus haut que le vôtre l'abattra. Moi qui le hais, je n'ai pu le frapper; les démons sont pour lui! N'avez-vous pas vu dans ses yeux, sur son front, ce sceau de la fatalité, étoile infernale qui le mène vers un avenir étrange, mystérieux,

inconnu? N'avez-vous pas vu qu'il est de
ces hommes donnés en exemple à la terre,
idoles adorées et maudites, que la foudre
finit par briser sur leur piédestal? Depuis
dix ans je me traîne sur sa trace pour
qu'un instant de joie me paie d'une vie de
misère et de larmes. Ce jour viendra. Dieu
est juste !

— Vous le haïssez bien, madame !

— Vous le haïrez comme moi, quand
vous aurez vu jusqu'à quel point vous êtes
outragé.

— Marchons, dit Saint-Romain, c'est
trop de temps perdu ; mais ne va pas me
tromper ; cette épée une fois tirée ne doit
plus rentrer dans le fourreau.

Ils disparurent tous deux ; l'amiral de

9*

Bonnivet entra aussitôt par l'autre extrémité de la galerie avec monsieur de Brion.

— Tout va bien, dit l'un d'eux ; allons conter l'histoire au roi.

— Bravo! dit l'autre ; monsieur le duc avait oublié cet intermède dans le programme des fêtes de son château de Moulins.

Pendant que ces choses se passaient, une femme voilée était mystérieusement introduite dans les appartemens particuliers du connétable, où celui-ci n'avait pas tardé à la rejoindre. Au moment où l'entrevue de Saint-Romain avec la vieille que lui avait amenée l'amiral commençait à prendre fin, nous trouvons le duc de Bourbon dans une élégante galerie atte-

nante à son appartement privé, se pro-
menant en compagnie d'une jeune femme
qui cherche à le retenir encore auprès
d'elle.

— Déjà me quitter, monsieur le duc?
dit la dame d'un ton de reproche.

— Je le dois, répond le connétable; le
roi va partir. J'ignore de quelle affaire importante il me veut parler, mais son ordre est précis : ne me retenez pas.

— Moi-même, reprit la dame, ma sûreté
ne me commande-t-elle pas de m'éloigner
de ce château ? A tout instant j'y puis être
surprise, et cependant je reste.

— C'est que tu es un ange !

— Voyez pourtant à quoi je m'expose

pour vous voir ! Mais, reléguée seule à Paris, vous sachant en proie à tant de persécutions, je n'ai pu tenir à mon inquiétude : il a fallu que je vinsse. Hélas! pourquoi suis-je venue! Pour oublier en un moment tous les sermens que j'avais faits à Dieu, pour oublier mon devoir, le respect de mon honneur, tant de jours passés en lutte contre un amour qui devait enfin me dominer! Comment oserais-je maintenant lever les yeux vers le ciel et le prendre à témoin de la chasteté de mon ame ! Oh! j'ai perdu pour toujours le doux repos de la conscience !

— Le bonheur te le rendra.

— Je veux vous croire, car un homme comme vous ne peut mentir. Dieu ne s'est pas plu à former le cœur des héros de ses plus sublimes vertus pour y mêler les basses passions des hommes.

— Regrettez-vous donc le sacrifice que vous m'avez fait?

— Oh ! non , car mon corps et mon ame sont à vous! Au moindre soupçon de votre péril , j'ai tout mis en oubli , et je suis accourue sans autre compagnie qu'une pauvre femme bien malheureuse, qui vit de mes secours depuis plusieurs mois.

— Vous êtes si bonne !

— C'est cette femme qui vous a remis mon billet. Elle m'a bien rendu ce que j'ai fait pour elle. Aussi je l'aime, monsieur le duc ! j'ai passé mon enfance dans son pays, quoique j'en aie perdu le souvenir. O l'Italie! quand la reverrai-je , cette belle contrée de mes rêves? Que je voudrais parcourir avec vous ces villes somptueuses toutes sonnantes de votre gloire! Car je n'ai rien vu de cela, moi que mon père cacha tout enfant parmi les tombeaux d'une église pour me soustraire aux hasards des batailles. Ce que j'en sais, c'est ce qu'il m'en a dit. Mais je suis bien folle, n'est-ce pas? j'oublie que vous voulez partir, qu'il faut que vous partiez. Allez, mon héros, mon maître dont je suis plus fière qu'un roi de sa couronne; allez et emportez mon ame avec vous!

— Je reviendrai pour te dire adieu.

Le connétable donna un baiser sur le front de cette femme qui le regardait partir avec une inexprimable anxiété. Comme

il se dirigeait vers la porte, sa maîtresse
fit quelques pas vers lui, et, se pendant à
son bras :

— Pourtant, dit-elle, je m'étais promis
de ne plus vous aimer, de ne vous revoir
qu'avec les yeux et le cœur d'une amie ;
que j'étais insensée !

— Mon amour, répliqua le duc, vous
saura gré de cela.

— C'est moi qui vous aime, monseigneur, mais d'un amour fatal et sombre,
qui me fait peur. Dieu, par une chaîne in-
visible, a lié ma vie à la vôtre, comme l'ar-
bre à la racine, comme la fleur au soleil.
On ne peut nous séparer sans que je meure.
Vous savez ! ce savant astrologue que vous
consultez quelquefois nous a prédit que

nous devions mourir ensemble. Oh! qu'il avait bien lu dans le livre de notre destinée!

— Il est vrai, reprit le connétable impatient de terminer cette conversation, mais ce n'est pas nous séparer que nous quitter un instant pour nous rejoindre après.

— es heures fuient si vite! soupira la dame; songez que cette nuit je pars! Vous ne me dites plus de ces choses que j'aimais à vous entendre dire. Serait-il vrai que les pensées du génie tuent l'amour? Serait-il vrai que le désir satisfait s'éteint de lui-même comme un flambeau consumé? Oh! il n'en est pas ainsi de moi!

— Mon amour est égal au tien, Suzanne; mais songe encore une fois que le roi m'attend.

— Vous disiez autrefois : le roi peut bien attendre !

— Écoutez, interrompit le duc en se précipitant vers une fenêtre dont il écarta doucement le rideau, n'entendez-vous pas dans cette cour un bruit d'armes ? C'est le roi qui me cherche ! peut-être vient-il dans cette chambre ! Voyez ce que vous avez fait ! Qu'on ne vous trouve pas ici. Fuyez ! fuyez ! Adieu ! Suzanne ! adieu, je vais au devant du roi.

— O mon Dieu, dit la pauvre femme, plutôt que de voir son cœur changer, puissé-je mourir ! — Et elle s'avança vers une petite porte à demi-cachée par la tapisserie. Au moment où elle allait sortir, la tapisserie se leva, et Saint-Romain parut. Suzanne poussa un cri de terreur et se précipita vers l'autre porte. Son mari la saisit par le bras.

— Point de ce côté , madame , lui dit-il d'une voix étouffée , le roi et sa cour sont là qui se rendent dans cette galerie. Silence! venez! Du moins je vous épargnerai la honte !

Ils disparurent tous deux. Au même instant , par l'autre porte, entraient le roi et le connétable accompagnés de l'amiral de Bonnivet et des principaux gentilshommes de leur suite.

La Défection.

—

§ II.

II

—Passons sur le cérémonial, mon cousin, dit François Iᵉʳ au duc de Bourbon.
Las d'attendre votre bon plaisir, le roi
vient prendre congé de vous.

— En vérité, Sire, vous me voyez con-
fus, balbutia le connétable auquel l'impa-

tience de son cousin ne laissa pas le loisir d'achever la phrase commencée.

— Foi de gentilhomme, monsieur le duc, j'ai eu le temps de m'habituer à vos superbes caprices : n'en parlons plus. Avant de monter à cheval j'ai voulu vous entretenir une dernière fois de choses qui nous intéressent tous deux.

Le roi fit un signe ; les personnes qui l'avaient accompagné saluèrent et se retirèrent aussitôt. François Ier se jeta brusquement dans un fauteuil, d'un air qui exprimait combien il avait hâte d'en finir. Monsieur de Bourbon, sur son invitation, s'assit à quelques pas de lui.

— Maintenant, Sire, dit-il, je vous écoute.

François commença :

— Dans quelques jours j'aurai passé les Alpes. Dans quelques mois, j'espère, j'aurai reconquis le Milanais. La ligue d'Italie croit en vain m'arrêter en se ralliant à l'Empereur; j'humilierai la ligue d'Italie; je punirai le pape de ses prédications hostiles ; je rançonnerai Venise pour avoir acheté la paix de l'Autriche. Gênes, Florence, Sienne et Lucques, toute cette couvée de petits serpens italiens que l'aigle de Charles-Quint a fait éclore sous ses ailes, se repentira d'avoir levé la tête. Je ne m'effraie pas de combattre dans le même temps l'Anglais en Picardie et les lansquenets d'Allemagne en Bourgogne. Quel que fût leur nombre, je n'ai jamais craint les épées de mes ennemis quand ils les ont tirées au soleil. Mais que, sous les faux semblans de la fidélité, des traîtres aiguisent contre moi dans l'ombre des poignards ; que des Français, qui tiennent dans leurs mains les clés de nos provinces, soupirent après mon absence pour ouvrir nos portes à l'étranger, voilà ce que je redoute et ce que je déclare infâme, monsieur !

En prononçant ces mots, le roi frappa vivement de sa main le bras du fauteuil sur lequel il était appuyé, et il considéra fixement le connétable qui ne baissa pas la paupière.

— Sire, répondit tranquillement le duc, si vous avez la preuve qu'un Français, fût-il des plus grands de votre royaume, ait conçu un tel dessein, que tardez-vous à le punir ?

— Mon cousin, poursuivit François,

quelque peu déconcerté par cette assu-
rance, votre opinion à ce sujet est d'un
grand poids à mes yeux. Il m'en coûtait,
je l'avoue, de soupçonner des ennemis de
mon trône dans les premiers rangs de ma
noblesse.

— Sire, reprit le connétable avec ce ton
d'audace qui lui était habituel, le trône de
France n'a d'autres ennemis que vos courtisans. Ce sont eux qui dépouilleront votre
peuple du respect et de l'amour de son roi,
et leur roi de l'estime de son peuple ! ce
sont eux qui vous aliéneront le cœur de
votre noblesse, Sire, et qui mettront à mal
le royaume, si vous n'y prenez garde !
Voil les ennemis et les traîtres ! Tant pis
pour eux si ma franchise les démasque ;
tant pis pour vous si vous ne les reconnais-
sez pas à ce portrait !

Le roi laissa percer un mouvement de colère, qu'il réprima presque aussitôt. Puis avançant vivement son fauteuil :

— En est-il un seul, monsieur le duc, je vous le demande, qu'on puisse accuser comme vous d'entretenir chez lui les mécontens et les étrangers suspects? Si monsieur de Lautrec veut insulter ma mère, il vous trouve. Si messieurs de Buren et Frundsberg, espions avoués de l'Espagne, cherchent du crédit en France, qui le leur donne? Vous! qui en faites vos plus intimes conseillers! Mes amis ne valent-ils pas les vôtres? Vous seriez moins jaloux, peut-être, de ce qu'ils ont reçu de moi, si vous vouliez vous souvenir que le premier acte de ma royauté fut de vous gratifier de l'épée de connétable, qu'avait portée avec

tant d'honneur Jean de Bourbon, votre
aïeul.

Le connétable se leva pour répondre à
cette interpellation, et, frappant de la
main à son tour le dossier de son fauteuil.

— Sire! vous oubliez aussi que j'avais
gagné cette épée en Milanais, en Guyenne,
en Bourgogne, et que, peu de mois après
votre don, je la nettoyais de sa rouille dans
le sang des Suisses à Marignan.

— Je reconnais, monsieur le duc, interrompit le roi, qui fit signe au duc de
reprendre sa place, je reconnais qu'en
cette circonstance je vous dus la victoire et
la vie. Je m'en souviendrai toujours. Si
quelques nuages depuis ce temps ont
passé entre nous, je veux les écarter.

Qu'une double réconciliation cimente notre nouvelle amitié. Foi de gentilhomme! vos biens vous seront rendus. J'y ajouterai même d'autres marques de ma faveur. Pendant mon absence, vous prendrez les ordres de ma mère que j'ai nommée régente. Je vous investis de la lieutenance du royaume. Mais, de votre côté, j'exige que vous me fassiez le sacrifice de votre rancune, que vous retourniez à notre premier projet, que vous acceptiez pour votre épouse madame la duchesse d'Angoulême. Votre main, mon cousin! donnez-moi votre main!

— Jamais! Sire, jamais! répondit le duc en retirant la sienne.

A son tour le roi se leva.

— Monsieur, j'ai promis en votre nom.

— Puisse la foudre m'écraser, s'écria le duc, avant que j'épouse une telle femme!

François Ier mordit son gant de colère.

— Pas un mot de plus, monsieur de Bourbon, songez que vous parlez de ma mère.

Le nom de la duchesse d'Angoulême avait réveillé tous les ressentimens du connétable. Il ne se possédait plus; il ne savait plus garder aucune mesure; sa franchise allait le perdre.

— Une femme, continua-t-il, qui, par les mains de son infâme chancelier Duprat, a mis toutes les charges du royaume à l'encan!

La patience du roi était à bout, ses lèvres tremblaient; son visage se couvrait d'une paleur livide.

— Taisez-vous, monsieur, fit-il en imposant silence de la main à son imprudent interlocuteur qui poursuivit sans pitié :

— Une femme dont l'avarice et la cupidité feraient monnayer, si elle l'osait, le sceptre et la couronne de son fils!

— Vous m'insultez, Monsieur! s'écria François 1er hors de lui.

Un soufflet retentit sur la joue du connétable. Du même coup la main du duc résonna sur la poignée de son épée qui faillit être brisée par le choc : cette main resta comme clouée à la place où elle avait frappé. La porte de la galerie s'ouvrit au même instant, et, en un clin d'œil, vingt personnes s'interposèrent entre le roi et le duc. Il se fit un silence effrayant. Sur un

geste de Chabot de Brion, une compagnie
de hallebardiers barra l'issue de la galerie.
Bonnivet le premier hasarda quelques mots
auprès du roi :

— Votre Majesté , dit-il en jetant un
regard du côté du connétable, n'a-t-elle
pas d'ordre à nous donner ?

—Je n'ai point appelé, monsieur l'amiral,
répondit le roi avec un calme apparent ;
mais, puisque nous voici prêts au départ, à
cheval, messieurs ! Avant quinze jours, nous
ferons beau jeu à nos ennemis sous les
murs de Milan.

Toute cette foule s'écoula. Les portes de
la galerie se refermèrent ; il ne demeura
plus avec le duc que quelques officiers de
sa maison.

— Un soufflet ! s'écria le connétable qui

serra convulsivement la main de Montagnac - Tausannes, debout et immobile
devant lui : un soufflet! Montagnac! et je
ne l'ai pas tué!

Le colonel Frundsberg accourait en ce
moment.

— Monsieur de Frundsberg, lui cria le
duc du plus loin qu'il l'aperçut, le roi m'a
donné un soufflet!

— Cela crie vengeance, Monseigneur!

— Je l'aurai! je l'aurai! j'en jure Dieu!
la terre ne peut plus nous porter tous deux
désormais! Mon pauvre Pompérant, poursuivit le duc en se précipitant au devant
du capitaine de ses gardes, qui arrivait tout
pâli de la nouvelle qu'il venait d'apprendre,
mon pauvre Pompérant, je suis déshonoré,

avili : il a osé me donner un soufflet! Approchez tous, messieurs, reprit le connétable en interpellant par son nom chacun de ses gentilshommes qui entraient en foule, venez voir sur ma joue l'empreinte encore chaude de la main de François Ier! Des Escures, de Beaumont, d'Espina, Varennes, si vous voulez savoir comment le roi paie les services de sa noblesse, regardez là!

— Monsieur le duc, s'écrièrent à la fois les assistans, nous partageons tous votre affront!

— Que nous réserve-t-il, dit Montagnac-Tausannes, s'il traite ainsi le plus glorieux prince de son sang?

— Pour moi, ajouta monsieur de Buren, je retourne sur les terres de l'Empereur.

— Vous ne partirez pas seul! interrompit le duc de Bourbon.

— Disposez de nous tous, monsieur le duc!

Le connétable remercia d'un regard ces fidèles serviteurs qui liaient ainsi leur fortune à la sienne. Il fit quelques pas, la tête baissée et les bras croisés sur sa poitrine : on attendait en silence qu'il fixât par un mot toutes ces destinées qui se confiaient à lui. Il releva la tête et regardant ses amis en face :

— Ce soir, Messieurs, je quitte la France!

— Nous vous suivrons, répondirent-ils.

— Monsieur de Buren, les conditions de l'Empereur !

De Buren lui remit respectueusement la lettre pliée qu'il tenait cachée dans son sein. Bourbon l'ouvrit, et, marchant de nouveau à grands pas :

— Le sort en est jeté, dit-il. Il l'a voulu, Dieu nous jugera !

En ce moment cette foule agitée ouvrit ses rangs devant un vieillard dont l'aspect fit frissonner le duc.

— Saint-Vallier ! s'écria-t-il, viens-tu partager ma fortune ?

Voyant que le visage de cet homme vénérable demeurait impassible :

— Ne cherche pas à me convaincre,

poursuivit le duc, mon parti est pris, irré-
vocablement pris.

— Il faudra pourtant que vous m'écoutiez, répondit le nouveau venu.

Ils entrèrent ensemble dans une chambre
voisine. Jean de Poitiers, seigneur de
Saint-Vallier, capitaine de cent hommes
d'armes et chevalier de l'ordre du roi, était
allié à la famille de Bourbon. Il connaissait
les piéges dont on entourait le connétable;
il savait que François Ier devait avoir une
explication avec lui au sujet de la duchesse
d'Angoulême; il avait prévu tout ce qui
était arrivé. Il se jeta aux genoux de Bourbon; il le supplia, les larmes aux yeux, de
changer de résolution et de songer au déshonneur qui allait le frapper, aux malheurs
sans nombre qu'il déchaînait sur la France.

Bourbon parut attendri par les supplications du vieillard.

— Eh! mon cousin, dit-il en le pressant sur son cœur, que veux-tu donc que je devienne? ils m'ont tout pris, je n'ai plus rien, je ne suis plus rien. Ils veulent que j'expire dans l'opprobre et dans la misère! Toi-même, en me venant voir, ne sais-tu pas que tu en as fait assez pour t'attirer leur vengeance, s'il ne suffisait pour cela de tes vertus et de tes services. Va-t-en, Saint-Vallier! va-t-en et me laisse! Songe que tu as une famille, une fille chérie, Diane de Poitiers, modèle de beauté et de sagesse, que la corruption de l'hôtel des Tournelles n'a pas éprouvée jusqu'ici : Dieu soit loué! Cache-la bien aux regards du roi, et cache toi-même dans le plus profond repli de ton cœur l'amitié

que tu me portes, car ce sont là des cri-
mes, entends-tu? qu'ils te feraient expier
comme en ce jour ils me font expier mes
victoires.

Ces prophétiques paroles ne diminuè-
ren en rien les nobles efforts de Saint-Vallier pour ramener le duc de Bourbon à ses
devoirs. Le connétable ne put obtenir
qu'il quittât le château de Moulins qu'en
lui promettant de ne pas pousser plus
avant son projet sans prendre avis de sa
vieille expérience.

Dès que Saint-Vallier se fut éloigné, le
le duc rentra dans la galerie où ses partisans l'attendaiemt : il les trouva tous im-
patiens de recevoir l'ordre du départ.

—Ne perdons pas un instant, dit-il; monsieur de Buren, j'accepte les conditions que vous m'avez proposées. A mon tour, je dois m'engager envers vous. Qu'on appelle monsieur de Saint-Romain ! qu'il m'apporte mon scel ducal.

— Je venais vous le remettre, répondit d'une voix sourde le mari de Suzanne de Langenfeld, qui s'avança lentement au milieu des groupes animés dont la galerie regorgeait. Saint-Romain était pâle et abattu ; un feu sinistre luisait sous ses paupières. La préoccupation de tous les esprits empêcha que son trouble extrême ne fût remarqué : tous les regards et tous les cœurs étaient tournés vers le connétable. Le duc remit à Saint - Romain le papier qu'il avait reçu de monsieur de Buren :

— Prenez cela, dit-il, vous, mon fidèle

ami. C'est ma tête que je confie à votre garde ! Maintenant, placez-vous à cette table et écrivez.

— Je ne le puis, monsieur le duc, reprit le jeune homme.

— Que signifie cela ? trahiriez-vous ma cause, vous, Saint-Romain ?

— Je quitte à l'instant votre château pour n'y jamais rentrer.

Un cri d'étonnement éclata parmi les gens du connétable ; on se refusait à croire que ces paroles fussent sorties de la bouche de Saint-Romain. Personne n'ignorait de combien de faveurs le duc avait comblé ce jeune homme, entré dans la maison de Bourbon sans autre fortune que son épée. Ses camarades l'entourèrent et le pressèrent

de rétracter ce qu'il venait de dire : il répéta pour la seconde fois les mêmes paroles,
et d'une voix haute et claire, afin que tout
le monde l'entendît. Alors chacun s'éloigna de lui. L'un lui reprocha son ingratitude : il sourit amèrement et ne répondit
pas ; un autre lui demanda s'il avait peur :
il se contenta de hausser les épaules. Il
allait se retirer, lorsque le duc l'appela et
lui exprima le désir de savoir au moins le
motif de ce brusque abandon.

— C'est vous qui m'ordonnez de parler,
monsieur le duc, s'écria-t-il, je vais vous satisfaire. Écoutez tous, Messieurs. Puis, se
tournant vers le connétable : — Monsieur le
duc, vous êtes mon bienfaiteur, tout le
monde ici sait cela ; je vous dois la charge de
gentilhomme de votre maison, celle qui me

11*

confié la garde de votre sceau ducal et les
gages attachés à cette place. Je ne porte
pas un joyau, pas un vêtement qui ne pro-
vienne de votre munificence. Tout ce qui
fait briller un homme dans le monde, tout
ce qui attire les yeux de la foule et la jalousie des envieux, je vous le dois. Mais en
me donnant ces hochets de la vanité, vous
vous êtes payé chèrement, monsieur le duc;
vous m'avez pris un trésor que rien ne me
rendra désormais : vous m'avez ravi l'honneur. Vous tous qui m'écoutez, m'avez-
vous donc cru assez lâche pour avoir froidement calculé ce que pouvait me rappor-
ter en faveurs et en largesses l'amour de
ma femme cédé par un traité infâme aux
caprices de Son Altesse ! Dieu m'est témoin
qu'aujourd'hui seulement je connais jusqu'où mon inexpérience a été abusée; Dieu

m'est témoin que d'aujourd'hui seulement je comprends la signification des sarcasmes dont m'a poursuivi sans péril plus d'un d'entre-vous ; je vous le pardonne, Messieurs. Je rends à monsieur le duc tout ce que j'ai reçu de lui depuis mon entrée dans sa maison : rendez-moi votre estime , Messieurs , c'est tout ce que je veux emporter d'ici. Adieu! vous ne me reverrez plus. Monsieur le duc, que Dieu protége votre gloire!

En prononçant ces derniers mots , Saint-Romain traversa la galerie sans qu'un seul effort fût tenté pour le retenir ; mais tous les regards le suivirent jusqu'à ce qu'il eût entièrement disparu, et il y put lire la respectueuse et muette admiration que fait toujours naître un acte de conscience et d'honneur. Le connétable fut péniblement affecté de cette déplorable scène où cette fois le plus noble rôle ne fut pas pour lui. Mais il n'avait pas le temps alors de se laisser aller au penchant de sa rêverie; son cœur saignait par tant d'autres endroits, qu'il perdit bientôt le sentiment de cette nouvelle blessure. Montagnac-Tausannes entra précipitamment, botté, éperonné, et son fouet de voyage à la main.

— Mes chevaux sont prêts, monsieur le duc, dit-il, je pars pour l'Allemagne. Dans peu, si le Ciel me seconde, monsieur de Langenfeld et moi, nous vous rejoindrons sous les murs de Milan. Que votre étoile vous conduise, Monseigneur! ajouta-t-il en se retirant après avoir baisé la main du connétable.

Pompérant, à son tour, entra dans la

galerie à l'instant où Montagnac-Tausannes en sortait ; il était accompagné de monsieur de Buren et du colonel de Frundsberg.

— Monsieur le duc, dit Pompérant, on a rassemblé tout ce qui reste d'or au château. Vos gentilshommes et vos officiers ont fait verser leur épargne et leurs joyaux dans les coffres de vos trésoriers ; ils n'ont voulu garder que leur armure et leur épée.

— Toute votre maison, Monseigneur, est en armes, reprit le colonel Frundsberg, et n'attend plus que le signal du départ.

— Fort bien, répondit le connétable. Ne laissons pas au roi le temps de nous prévenir. Messieurs, ajouta-t-il, pour plus de sûreté, séparons-nous. Chacun gagnera comme il le pourra le territoire de l'Empereur, en Franche-Comté. Je jure pour ma part de ne remettre l'épée au fourreau que le jour où François de Valois m'aura demandé grace! Et, pour que je n'oublie pas le serment que j'ai fait ici devant vous, on brodera sur mon étendard un estoc flamboyant avec le mot *espérance* au dessous.

Tandis que le connétable et ses partisans s'apprêtaient à gagner la campagne, Saint-Romain sortait du château, à pied, vêtu d'un simple habit de drap, son épée au côté, sans même un domestique à sa suite, dans ce même costume de pauvre gentilhomme qu'il portait cinq ans auparavant lorsque, pour la première fois, il était venu solliciter les bonnes graces du duc son maître. Parvenu à la grille des jardins, il jeta un coup d'œil sur ce château de Moulins qui lui rappelait des sensations si diverses, et, secouant la poussière de ses souliers pour ne rien emporter dans son exil qui pût lui rappeler cette terre maudite où son ame s'était si tristement flétrie, il disparut sous les épais ombrages de la forêt , sans savoir lui-même où il portait ses pas.

Il cheminait ainsi depuis une heure environ , quand il fut arrêté par une femme à cheval, qui accourait en toute hâte derrière lui. Il frémit en reconnaissant la vieille mendiante qui lui avait révélé la trahison de sa femme.

— Et Suzanne, lui cria-t-elle , Suzanne vit encore ! Homme faible et sans courage, vous n'avez pas osé la punir !

— Elle se débattait et me priait d'une voix si lamentable ! répondit le jeune homme : je l'ai laissée fuir.

— Fuir avec son amant ! reprit la vieille. Au moins la perte de Bourbon est assurée. Venez voir comme sa destinée va l'emporter dans l'abîme, le traître à sa patrie, le meurtrier de mes enfans! Demain le vainqueur de Marignan ne sera plus qu'un rebelle dont on ira voir la tête à Moutfaucon !

— Ah ! interrompit Saint-Romain , il n'y a que les rois déchus et les démons qui puissent maudire ainsi. Qui donc êtes-vous ?

La vieille parut se recueillir quelques instans, puis elle dit : — Mes aïeux portaient aussi une couronne autrefois : on les appelait ducs de Milan. Puisse cette couronne que Charles-Quint et François Ier se disputent aujourd'hui se briser entre leurs mains, et que ses éclats les écrasent ! Tel est le dernier vœu de Césara Visconti !

En ce moment, on vit passer à travers les éclaircies des arbres une bande de cavaliers qui faisaient partie de la suite du roi, et qui regagnaient le grand chemin de Moulins à Lyon. Césara Visconti poussa vers eux son cheval.

— Où voulez-vous aller ? s'écria Saint-Romain en s'attachant à la bride du cheval.

— Tout raconter à François Ier ! répondit la vieille, avec un horrible sourire ;

perdre le connétable , rendre sa fuite impossible !

— Vous n'irez pas , repartit Saint-
Romain , qui lui ferma le passage.

— Quoi ! c'est vous qui défendez le
duc ?

— Que Dieu le frappe dans sa justice, il
l'a bien mérité ! mais sa gloire appartient à
mon pays. Vous n'irez pas plus loin, vous
dis-je , qu'il ne soit à l'abri de votre vengeance.

Les cavaliers eurent bientôt disparu;
Saint-Romain et la vieille cheminèrent jusqu'au prochain village où le jeune homme
loua une mule pour escorter jusqu'à Lyon
sa compagne de voyage.

TROISIÈME PARTIE.

L'heure de la Vengeance.

—

§ I.

I

— Quelle heure est-il, Diégo?

— Écoute, Lopez! voici deux heures de la nuit qui sonnent au couvent des Chartreux de Pavie.

— Que Saint-Jacques de Compostelle nous assiste! murmura, en se retournant sur la botte de paille qui lui servait de lit, le premier des deux interlocuteurs : c'est l'heure où va se montrer le fantôme que Nunez et toi vous avez vu la nuit dernière !

— Chut ! là-bas ne distingues-tu rien, sous les noirs arceaux de cette église où nous sommes campés ? reprit le second des deux soldats.

— C'est un rayon de la lune.

— Que ces damnés luthériens sont heureux, mon bon Lopez, de dormir dans un pareil instant. Si je revois jamais l'Espagne, je ferai pénitence pour avoir couché si près d'eux.

— Que Satan confonde le nouveau général de l'Empereur, qui nous fait bivouaquer ainsi dans une église consacrée , côte à côte avec ces mécréans de lansquenets !

— Ce Bourbon ne croit à rien ! pas même aux saints et aux fantômes !

— Ah çà! toi qui l'as vu , le fantôme , quelle figure avait-il ?

— Ma foi! je ne sais pas , quoique pourtant je l'aie vu comme je te vois , Diégo.

— C'est l'ame en peine de quelque défunt duc ou roi , sortie de ces tombeaux de marbre qui entourent l'église.

— Pour cela non , Diégo , le fantôme est positivement une femme , et une vieille femme encore , ce qui rend le présage plus effrayant ; et puis c'est aujourd'hui vendredi !

— Oui, jour de Saint-Mathias, 24ᵉ de février 1525.

— Je crois que la journée de demain sera rude.

— Je te le demande : Bourbon aux prises avec François Iᵉʳ.

—Veux-tu boire un coup de ce vin lombard ? Tiens ! prends ma gourde !

— Merci, je n'ai pas soif.

— J'éprouve un frisson du diable par tous les membres. Tu me croiras si tu veux, j'aimerais mieux cent fois être au plus fort de la bataille que de me savoir en un lieu hanté par les esprits. Jouons au passe-dix pour tuer le temps. As-tu ton cornet ? voilà mes dés.

Cette scène nocturne se passait dans l'église de la Chartreuse de Pavie, où deux flambeaux de résine, à demi consumés, éclairaient un bivouac de lansquenets et de soldats espagnols, formé par ordre de Charles de Bourbon, lieutenant-général des armées de l'Empereur Charles-Quint en Milanais. Des faisceaux de pertuisanes couronnés de drapeaux et de guidons où se déployait l'aigle noir à deux têtes, réfléchissaient sur l'acier de leurs pointes les flammes rougeâtres de ces torches fumantes. Au sein d'un épais tourbillon de vapeur, dont la spirale montait vers les hauts arceaux de l'église, les tombeaux des Visconti, anciens ducs de Pavie et de Milan, apparaissaient sous des formes bizarres et changeantes.

Tous ces soldats, ramassés de côtés et

d'autres à prix d'argent, suivaient la fortune du connétable, devenu général espagnol ; mais ils n'étaient pas placés cependant sous son commandement immédiat. Le marquis de Pescaire était général de l'infanterie d'Espagne, et le comte de Lannoy, vice-roi de Naples pour l'Empereur, conduisait les lances italiennes. Les lansquenets seuls appartenaient à monsieur de Bourbon ; il les avait levés lui-même en Allemagne au moyen de quelques sommes d'argent qu'il avait empruntées du duc de Savoie, après son évasion du château de Moulins. Ces soldats, dominés par le caractère et par le génie du transfuge illustre, marchaient tête baissée sur les pas de leur chef aventureux, sans lui demander autre chose que des victoires et du pillage. Ils ne connaissaient l'Empereur que

de nom : leur véritable roi c'était leur général. Ce conflit de pouvoirs qui donnait au
marquis de Pescaire et au vice-roi de Naples une autorité au moins égale à celle de
Bourbon , aurait dû, ce semble, nuire aux
opérations de l'armée de Charles-Quint,
en y introduisant la division. Mais quoique
le connétable eût à souffrir des jalousies
de ses collègues, il savait tout sacrifier au
soin d'assurer sa vengeance. Il était d'ailleurs plus maître des soldats de ses collègues que ses collègues eux-mêmes : et c'est
encore un fait inexplicable aujourd'hui que
la conquête de l'Italie par une armée com-
posée de luthériens allemands et de catho-
liques espagnols. Le génie de Bourbon
opéra pourtant ce prodige.

Les deux soldats dont nous avons entendu les discours au milieu du bivouac établi dans l'église de la Chartreuse, jouèrent quelques instans aux dés, et, enflammés par la passion du gain, ils eurent bientôt oublié le premier motif de leurs terreurs. Mais tout à coup l'un d'eux se jeta le front contre terre, et, saisissant son chapelet, il dit à l'autre :

— Ne souffle mot, ou nous sommes morts!

Une femme, suivie d'un homme enveloppé d'un manteau, traversait en ce moment l'une des hautes galeries de l'église. Elle s'arrêta quelques secondes et se pencha sur les balustres de pierres sculptées, étendant sa main vers les soldats qui dormaient, et, au même instant, les tuyaux de l'orgue, enflés par le vent, jetèrent un

son lugubre. Diégo entonna une litanie la-
tine qui fit évanouir l'apparition. Lopez se
leva et s'écria de toute sa force :

— Par Notre-Dame-des-Sept-Douleurs !
je ne resterai pas au milieu de ces
païens...

Les soldats espagnols, réveillés en sur-
saut par les cris de leurs camarades, vou-
lurent rendre les lansquenets responsa-
bles de la peur que le fantôme leur avait
faite.

On se jeta de part et d'autre sur les
faisceaux d'armes. Le capitaine de Langenfeld, accouru pour mettre le holà, reçut de Diégo un coup de bois de lance qui
faillit lui rompre la tête. Au milieu du tu-
multe on entendit battre les tambours et

sonner les trompettes. Le marquis de Pescaire et le comte de Lannoy, vice-roi de Naples, se présentèrent, suivis de quelques gens d'armes, et ne réussirent qu'à augmenter la confusion.

— A bas le général! s'écrièrent à la fois les lansquenets et les espagnols, dès qu'ils les aperçurent.

— Est-ce ainsi que vous servez l'Empereur? demanda le comte de Lannoy.

— Nous le servons comme il nous paie, monsieur le vice-roi de Naples, répondit un des révoltés.

— Depuis six mois que nous sommes en campagne, poursuivit un autre, nous n'avons pas touché un réal entre nous tous.

— Pour cela les espagnols ont raison, reprirent les lansquenets ; qu'on nous paie notre solde ! — Oui ! notre solde ! hurla la multitude, nous ne voulons plus obéir. Congé ou argent ! congé ou argent !

— Nous sommes perdus, monsieur le marquis, dit le comte de Lannoy à son collègue, voyant que les harangueurs de cette troupe indisciplinée lui persuadaient déjà de se débander, et que plusieurs parlaient de passer dans le camp des Français.

Au moment où la sédition menaçait de se changer en une rébellion ouverte, on vit entrer dans l'église un nouveau personnage dont le seul aspect rétablit tout d'abord l'ordre et le silence parmi cette multitude égarée. Cet homme, c'était le duc de Bourbon, sans casque et sans épée, vêtu d'un simple pourpoint de cuir sur lequel il n'avait pas eu le temps de faire attacher sa cuirasse. Pompérant le précédait, portant son étendard de taffetas jaune semé d'épées flamboyantes, au dessous desquelles le mot *espérance* était brodé à plusieurs endroits. Montagnac-Tausannes, le colonel Frundsberg et quelques autres de ses officiers le suivaient. Les rangs des mutins s'ouvrirent devant les pas de leur chef. Quand il fut au milieu d'eux, il promena son regard autour de lui, puis, faisant un signe à ses écuyers :

— Qu'on mande ici le grand prévôt, dit-il ; que toutes les issues soient étroitement gardées. Défense de sortir sous peine de mort !

Puis, pénétrant parmi les groupes d'où les plus fortes clameurs étaient parties :

— Qu'est ceci, mes amis? ajouta-t-il avec un calme parfait. A entendre cette rumeur, je croyais les Français dans notre camp... Dieu soit loué! il n'en est rien. Tout est paisible, vous le voyez, monsieur le vice-roi de Naples, et vous aussi, monsieur le marquis.

— Mes camarades, reprit le duc en s'adressant aux soldats, vous vous êtes levés bien matin aujourd'hui! cependant François Ier se dispose à nous tailler de la besogne sous les murs de Pavie. Il n'importe! je suis tranquille au milieu de vous; notre vieille infanterie espagnole, nos bons lansquenets du Rhin, nos Italiens de Milan et de Naples valent bien, peut-être, les Suisses du colonel Diespach et les bandes noires de monsieur de Suffolk, qui ne savent se battre que la bourse et le ventre pleins! Cela n'est-il pas vrai ? Allons, si je me trompe, démentez-moi.

Diégo, poussé en avant par ses camarades, sortit des rangs les yeux baissés, et roulant son feutre dans ses doigts :

— Illustrissime seigneur, dit-il, assurément nous ne craignons ni les Suisses ni les bandes noires, et nous croyons l'avoir prouvé. Mais s'il est juste et nécessaire que nous servions l'Empereur Charles de tout cœur, n'est-il pas juste aussi qu'il nous nourrisse et qu'il nous habille? Or, pour nous munir contre la faim et le froid, nous attendons notre solde que vos trésoriers ont oublié de nous payer depuis six mois.

— Écoutez, mes enfans, répondit le duc, je suis un pauvre cavalier; je n'ai pas un sou non plus que vous; faisons fortune ensemble. Vous avez bien souffert dans cette campagne. Vos pourpoints sont usés sur votre dos; vos pertuisanes et vos épées rongées par la rouille et la pluie; votre bourse est aussi mince que mon crédit. Au point du jour, je vous livre l'armée de François Ier, une armée de muguets de cour et de favoris, tous avec des coffres bien garnis de ducats; tous avec de beaux chevaux caparaçonnés, et des capes de velours et des manteaux brodés; tous avec de belles armures de Florence où il entre plus d'or et d'argent que de fer. Tout cela pour vous! Êtes-vous contens?

— Oui! oui! murmurèrent à la fois les

lansquenets et les espagnols : le combat et le pillage !

— Marcherez-vous à l'ennemi avec moi, avec nous tous, pour gagner en une seule bataille plus de dix ans de votre solde ?

— Oui ! oui ! Le combat ! le combat ! Vive Bourbon !

— C'est bien , reprit le connétable. Vous savez si je tiens ma parole. Avant l'aube nous serons la lance au poing dans la plaine. Puisque vous êtes si pressés de vaincre, mes bons amis, vous formerez l'avant-garde et vous essuierez le premier feu. Rangez-vous en bataille dans la cour du couvent. Au premier signal vous irez occuper les postes avancés.

Les cris de : Vive Bourbon ! retentirent

avec une nouvelle énergie ; chacun courut aux armes, et bientôt le bivouac fut
vide, et le plus profond silence régna de
nouveau sous les voûtes de la Chartreuse.

Le marquis de Pescaire et le comte de
Lannoy se haïssaient mortellement, et n'a-
vaient manqué jusqu'alors aucune occasion
de se le prouver ; mais, depuis l'arrivée
du duc de Bourbon en Milanais, ces deux
hommes d'un mérite secondaire, prévoyant
qu'ils allaient être éclipsés par ce nouveau
rival, s'étaient réunis contre lui. Dans cette
circonstance, en présence des principaux
officiers de l'armée impériale, ils remer-
cièrent vaguement leur collègue de leur
avoir prêté le secours de son influence
pour faire rentrer les mutins dans le de-

voir, s'appropriant ainsi la plus large part dans un succès auquel ils n'avaient point contribué.

Pescaire, malgré sa jalousie, était pourtant un autre homme que le comte de Lannoy. Arrière-petit-fils de don Rodrigo d'Avalos, qui fut connétable de Castille pour avoir combattu en champ clos un chevalier portugais devant le roi, Pescaire s'était signalé par une bravoure extraordinaire, dès l'âge de seize ans, à la bataille de Ravenne, où il fut blessé et fait prisonnier par les Français. Il avait retrouvé sa liberté moyennant une rançon de 6,000 écus, par l'intercession du maréchal de Trivulce, son parent. A ses talens militaires le marquis joignait encore un grand esprit et une rare instruction. Pendant sa captivité, il avait écrit un livre d'amour dédié à sa femme, Victoria Colonna, qu'il chérissait tendrement, quoique son père lui eût fait contracter ce mariage d'intérêt à l'âge de trois ans. Il avait trente-quatre ans alors, et le temps n'avait en rien diminué ce chevaleresque amour, qui tempérait l'irritabilité et l'emportement de son caractère. Charles de Lannoy, seigneur de Mengoval, investi de la vice-royauté de Naples par Charles-Quint, était Flamand comme l'Empereur. Sa bravoure n'était rien moins que prouvée, mais sa complaisante flatterie, sa connaissance des moyens de parvenir, son visage impassible qui masquait les projets de son ambition, lui donnaient beaucoup d'avantage sur le marquis, son rival.

— Maintenant, Messieurs, dit le con-

nétable, à nous de tenir parole à nos soldats ! Mais auparavant, cet imprudent fantôme, qui de vous le connaît ?

— Je soupçonne, répondit le capitaine
Langenfeld, que ce n'est autre chose qu'une
femme d'assez misérable apparence, que les
Chartreux cachent depuis quelques jours
dans leur couvent.

— Et quelle est cette femme ? demanda
le duc.

— Nul de nous ne l'a vue. Mais on la
soupçonne d'être une arrière-petite-fille
de Jean-Marie Visconti, duc de Milan,
assassiné en 1447. Cette femme, assure-
t-on, réclame follement la couronne de
son aïeul, injustement usurpée, dit-elle,
par Philippe-Marie, de qui les Sforce tiennent leurs droits.

Le connétable poursuivit en secouant la tête :

— Race de bâtards que ces Visconti, dont les innombrables héritiers remplissent l'Europe de leurs ridicules prétentions !

— Chassons les Français de ce pays, monsieur le duc, dit le comte de Lannoy, et nous mettrons d'accord, après cela, les Sforce et les Visconti.

— Je brûlerais le couvent de ces moines, répondit le duc de Bourbon, si cette chartreuse, isolée au milieu de la plaine, pouvait nous inspirer quelque crainte. Mais c'est le siége de Pavie, Messieurs, qu'il nous importe de faire lever aux Français. Placés entre la ville et notre armée, ils ne peuvent plus reculer devant une action dé-

cisive. En dépit des instances des Chabannes,
des La Trémouille , des Sanséverin et de
tous les vieux capitaines de son conseil, ce
fou de François Ier persiste à vouloir jouer sa
fortune et sa vie sur un coup de dés. Sainte
Barbe ! Messieurs, remercions le Ciel d'a-
bord, et puis ensuite les courtisans des
Tournelles , messieurs de Bonnivet , de
Montmorency , de Saint-Marsault, et Chabot de Brion , car c'est à leur bon avis que
nous devrons la victoire que je vous annonce. Le roi de France s'est vanté qu'il
prendrait Pavie ou qu'il périrait sous ses
murs. Donnons-lui un démenti éclatant en
écrasant sa gendarmerie et en prenant vivant ce fanfaron couronné. N'est-ce point
votre opinion, Messieurs ?

— Sans nul doute , répondit le comte de

Lannoy. Dans une heure, monsieur le marquis aura pénétré dans le parc de Mirebelle, par la brèche que nos pionniers y ont faite.

— Le temps se passe, reprit le duc de Bourbon. Capitaine de Langenfeld, que mes écuyers m'apportent mes armes. Quant à vous, je vous charge du soin de veiller à la sortie de nos soldats. Pompérant, Montagnac - Tausannes, et vous tous, mes bons et fidèles amis, vous combattrez à côté de moi. Nous avons à venger nos amis de France, indignement torturés à la Bastille pour notre cause.

— Nous avons aussi des traîtres à punir, monsieur le duc, reprit Pompérant. Saint-Romain est, dit-on, dans le camp du roi.

— Que Dieu le lui pardonne! répondit le

connétable : il était digne de vaincre avec nous.

Un sombre nuage obscurcit le regard de monsieur de Bourbon. Il demeura quelque temps pensif ; puis, se tournant vers le marquis de Pescaire et vers le vice-roi de Naples :

— Vous, Messieurs! pendant que vous ferez tête au duc d'Alençon et au maréchal de Chabannes, qui dirigent les deux ailes ennemies, j'attaquerai le gros de l'armée que conduit le roi en personne.

— Vous oubliez, monsieur de Bourbon, interrompit le marquis de Pescaire, que le rang et le pouvoir doivent être également partagés entre nous.

— Vous commanderez vos lansquenets,

monsieur le duc, continua le comte de Lannoy en s'inclinant, et nous, notre infanterie espagnole et nos lances italiennes. Croyez que nous ne sommes pas hommes à vous laisser aux yeux de l'Empereur toute la responsabilité de la victoire.

— Qu'il soit fait ainsi que vous le voulez, répliqua le connétable.

Les trois généraux se séparèrent. Bourbon demeura seul dans l'église de la Chartreuse.

Le jour, qui s'approchait, renfermait dans ses profondeurs toute la destinée de l'héroïque rebelle. L'Europe était le juge du camp qui devait prononcer entre les deux rivaux qui s'allaient heurter face à face. Des deux côtés le prix à gagner ou à perdre était considérable; François apportait sa

couronne et sa vie, Bourbon sa vengeance!
Que d'efforts, que de persévérance, que de
courage, que de haine il avait fallu au
nouveau général de Charles-Quint pour
en venir à ce point où tout encore demeurait en question! Depuis quinze mois, il
parcourait pas à pas l'Allemagne et le Milanais, demandant des soldats à conduire et
des victoires à remporter, sollicitant des
périls comme un autre des honneurs, en-
gageant son crédit, faisant argent de sa
vaisselle, de ses joyaux, de sa parole, re-
crutant des vengeurs dans la plus vile po-
pulace, flattant celui-ci, éblouissant celui-
là, étudiant le côté faible de chacun,
promettant ce qu'il ne pouvait tenir, dé-
pensant toute la séduction de son langage
pour entraîner quelques misérables de plus
sous son drapeau. Il avait enfin réussi; son

appel à tous les vices avait été entendu. Satan semblait avoir recruté pour lui dans les enfers.

En reportant son regard sur le passé, le connétable comprenait à peine comment il était arrivé à ce résultat. Dans le trajet de sa terre de Chantelle à la frontière de Franche-Comté, suivi d'un seul de ses officiers, et traqué comme une bête féroce par la gendarmerie du roi, il avait pensé plusieurs fois tomber aux mains de ses ennemis. Arrivé chez le marquis de Mantoue, son cousin, il ne lui restait pas un denier, et le marquis avait dû lui faire présent d'un nouvel équipage de cavalier pour continuer sa route. Sa campagne de l'année précédente contre Bonnivet avait été assez heureuse; mais la levée du siége de Marseille était pour lui un échec qu'il tenait à cœur de réparer d'une manière éclatante : l'occasion était belle, puisqu'il allait combattre à la fois ses deux ennemis acharnés, Bonnivet et François Ier. A tous ces motifs de haine personnelle se joignait encore le désir de venger ses partisans mis à la question et jetés dans les cachots de la Bastille, par jugement du parlement de Paris. Il plaignait surtout le sort du malheureux comte de Saint-Vallier, condamné à mort et mené jusque sur l'échafaud, où l'annonce de la commutation de sa peine lui fut faite par le bourreau, ce qui n'empêcha pas ce vieillard innocent d'en perdre la raison. Et comme si ce n'était pas encore assez de tous ces souvenirs déchirans qui remplissaient le cœur du héros, il avait encore à redouter les suites de la jalousie de ses nouveaux collègues dont le mauvais vouloir pouvait rendre inutiles ses meilleures dispositions.

— Ces hommes sont jaloux de moi ! répétait le connétable en se frappant le front. Après les insultes des Bonnivet , des Brion et des Montchenu , me faudra-t-il subir la morgue des courtisans de Madrid ? Si je le savais ! — Charles-Quint, Empereur et roi ! toi dont l'aigle à deux têtes menace deux continens et deux mers, toi seul tu peux te dire heureux ; car tu portes dans tes mains le sceptre qui commande et le glaive qui punit. Du haut d'un trône qu'il doit être doux de prononcer ce mot : Je veux ! Mais un pouvoir qu'on reçoit à genoux, et dont l'envie nous dispute les lambeaux, cela vaut-il la peine qu'on l'ambitionne ! N'importe, s'il est beau de porter une couronne, il est glorieux de la conquérir et de la donner ensuite à un roi.

Le duc ouvrit une des fenêtres de l'église pour refroidir sa tête embrasée. Ses yeux se fixèrent sur le ciel, et il demeura long-temps à le contempler.

— François Ier, s'écria-t-il, en ce moment Dieu tient le livre où nos deux noms sont écrits ! Quel est celui qui disparaîtra ! Le ciel est rayonnant, les constellations sont brillantes ! Si mes calculs ne me trompent pas, si l'art divin de l'astrologie n'est pas une vanité menteuse, je dois remporter aujourd'hui la plus signalée de mes victoires. Je sens dans tout mon être comme un esprit de force qui descend ! Ange ou démon, il me paraît qu'une puissance in-

visible est là, qui me pousse et qui me dit :
Tu vaincras.

En ce moment, entrèrent les écuyers du
duc, portant toutes les pièces de son armure;
Pompérant et le colonel Frundsberg venaient en même temps prendre les ordres
de leur général.

—Monsieur Frundsberg, dit le connétable, nos hommes sont-ils prêts ?

— Monseigneur, vous êtes obéi.

— C'est bien. Avez-vous donné l'ordre
à chacun d'eux de couvrir son justaucorps
d'une toile blanche, afin que nous puissions
nous reconnaître malgré la nuit ?

— Je l'ai donné.

— Pour moi, continua le duc, la casaque

d'or que je porte par dessus mes armes me fera suffisamment remarquer. Çà ! vous autres, ajouta-t-il en s'adressant à ses écuyers, qu'on m'habille ! M'avez-vous choisi mes plus fortes lances ?

On lui en présenta plusieurs, et les écuyers commencèrent à lui attacher les pièces de son armure. Dès qu'il sentit le contact de l'acier sur sa poitrine, son visage s'anima d'une expression terrible, et la soif de vengeance qui le dévorait sembla passer dans ses yeux. Son ame, dégagée de tout autre soin, paraissait concentrée sur cette pensée fixe qui la dominait. Pompérant hésita long-temps avant d'oser le troubler dans ses réflexions : il s'y hasarda pourtant.

— Monsieur le duc, balbutia-t-il à son

oreille, une personne, qui va quitter le camp pour retourner en France, demande avec instance à vous parler.

— Que me veut-elle? qui est-elle? interrompit le duc. A moins qu'il ne s'agisse du salut de mon armée, je n'ai pas le loisir de l'entendre.

— Pourtant, monsieur le duc.... poursuivit Pompérant.

— Je ne le puis, vous dis-je, Monsieur, répliqua le duc avec humeur. Quelle est cette personne? son nom?

— C'est.... madame de Saint-Romain.

— Ai-je le temps d'écouter les plaintes d'une femme! s'écria le connétable, quand le sang de deux armées va couler.

— Que lui dirai-je? hasarda de nouveau Pompérant.

— Que je ne puis la recevoir.

Suzanne de Langenfeld entrait à l'instant où le duc de Bourbon prononçait ces mots.

— Monseigneur, dit-elle, d'une voix presque éteinte par l'émotion ; Monseigneur, quelques minutes, je ne vous fatiguerai pas long-temps de mes pleurs.

— Que voulez-vous, Madame?

— Hélas! tant d'amour ne mérite-t-il pas un peu de pitié!

— En ce moment, Madame, reprit le connétable d'un ton brusque, il ne s'agit pas de pitié, mais de sang et de meurtre. Vous voyez bien que ce n'est pas là la place d'une femme. — Et il ajouta plus doucement : — vous Voyez bien qu'il faut vous retirer.

— Mon Dieu! murmura madame de Saint-Romain, j'ai tout quitté pour le suivre, et c'est la récompense qu'il me gardait! Quelle funeste influence me ramène donc toujours aux pieds de cet homme qui me méprise et qui me hait peut-être! Quand sa voix menteuse me peignait un amour qu'il ne ressentait pas, pourquoi me suis-je laissé prendre au miel de ses paroles! ne devais-je pas savoir que l'orgueil et l'ambition remplissaient toute cette ame!

Le duc, sans lui répondre, se tourna vers l'un de ses écuyers :

— Raimbault, donne-moi l'épée que je portais à Marignan.

— Il ne m'écoute seulement pas, reprit la pauvre femme tout en larmes; le désespoir d'une maîtresse est trop peu de chose, en effet, pour celui qui va mettre en deuil des milliers de mères et d'épouses!

Et le duc continua, en s'adressant toujours à ses écuyers :

— Allons! faites plus vite; ne voyez-vous pas que le temps presse?

— Malheureuse femme que je suis! s'écria madame de Saint-Romain! Oh! oui, bien malheureuse, puisqu'en dépit de tant d'outrages, mon lâche cœur en est réduit à aimer encore celui qui me frappe si cruellement! Je pars, monsieur le duc,

les murs d'un couvent vont s'élever entre
le monde et moi; puissent-ils me séparer
aussi de mes souvenirs. Adieu pour toujours. Adieu!

— Que Dieu vous conduise, Madame,
répondit le connétable.

On achevait de le couvrir des dernières
pièces de son armure. Il saisit lui-même
son casque et ses gantelets, et, levant les
mains au ciel :

— François Ier, s'écria-t-il, tu vas me
rendre raison du soufflet que j'ai reçu de
toi ! Qu'on m'apporte maintenant ma
casaque d'or et ma lance, et qu'on ordonne
aux trompettes de sonner.

Suzanne se précipita au devant de ses
pas :

— Un mot encore, Monseigneur; ce billet à votre adresse a été jeté sur mon passage par un homme inconnu.

Bourbon ouvrit brusquement le billet pour se débarrasser au plus vite de ce nouveau retard.

— Messieurs, dit-il après l'avoir lu, on me prévient dans cette lettre que monsieur de Bonnivet m'a dressé une embuscade, et que cette cotte d'armes est désignée aux poignards des assassins.

L'écuyer qui lui présentait la casaque de drap d'or la lui retira des mains.

— C'est un signalé service qu'on me rend là, Madame. Qui donc dans le camp de François Iᵉʳ peut s'intéresser à ma vie?

— Eh quoi! ne reconnaissez-vous pas,

Monsieur, la main du plus généreux des hommes ? O honte, honte sur moi !

— Saint-Romain ! murmura le duc ; oui, c'est bien lui ! Noble vengeance qui me force à rougir ! Jeune homme honnête et loyal, plus grand dans l'obscurité de ta vertu que mói dans la splendeur de mes victoires !

— O mon père, mon père ! poursuivit Suzanne, c'est bien ainsi que je devais revoir cette chartreuse de Pavie, où l'un de ces tombeaux fut l'asile de mon enfance !

Un bruit de tambours et de trompettes vint étouffer la voix de Suzanne, qui se laissa tomber sur les dalles de l'église.

— C'est le signal, Madame ! s'écria le duc de Bourbon ; priez Dieu pour vous et pour moi !

Quelques instans après le bruit avait cessé.

Quand les premiers feux du crépuscule éclairèrent les vitraux de l'église, la jeune femme se trouvait encore à genoux sur le froid pavé de la chartreuse, le front appuyé contre l'angle d'un tombeau de marbre sur lequel s'élevait, magnifiquement sculptée, la statue de Mathieu Visconti, le premier duc de cette famille si tristement déchue. Les soldats impériaux avaient évacué le couvent, et, tandis que dans le lointain on entendait retentir l'artillerie qui engageait la bataille, les vénérables religieux, chantant les louanges du Dieu de paix, parcouraient en procession, et l'encensoir à la main, les détours de leur saint monastère, pour le purifier du contact des

impies. Suzanne se prit à pleurer amèrement, se voyant seule et abandonnée dans
cet asile dont le pieux aspect semblait lui re-
procher toutes ses fautes. Elle essaya de
prier, mais la voix lui manqua. Le cœur
encore rempli de sa criminelle passion,
elle craignit d'offenser le Ciel en l'appelant
comme témoin de ses faiblesses. Le souvenir de l'honnête homme qu'elle avait si
cruellement trompé s'offrait sans cesse à
son esprit comme pour augmenter ses remords.

Il était près d'elle, elle n'en pouvait
douter, puisque, dans sa généreuse ab-
négation, c'était lui qui avait prévenu son
ancien maître des piéges que ses ennemis
lui tendaient. L'enfer entr'ouvert sous ses
pas n'eût pas jeté plus d'épouvante dans le
cœur de Suzanne que la seule idée de se

rencontrer dans un pareil lieu et dans un pareil instant avec son mari.

Elle se leva pour aller chercher au dehors le grand jour, car ses yeux, en plongeant dans les profondeurs de l'église, croyaient toujours voir apparaître des fantômes qui la glaçaient d'effroi. Elle allait atteindre les portes, lorsque, longeant les arceaux de la nef, elle distingua une ombre qui se mouvait à ses côtés. Elle s'arrêta, l'ombre s'arrêta comme elle ; elle étendit la main, une main saisit la sienne. Cette main était glacée comme celle d'un spectre. L'apparition ramena doucement la jeune femme vers le chœur de l'église, qu'elle venait de quitter. Une fenêtre s'ouvrit et laissa pénétrer un rayon du jour. Suzanne tomba le front contre terre.

Son mari était là devant elle, pâle comme

la mort, vêtu d'habits de deuil. A ses lèvres
flétries pendait un sourire de dédain et de
pitié.

— Grace! grace! Monsieur! s'écria-t-elle.

Saint-Romain secoua la tête et répondit
tristement :

— Je vous l'avais prédit, Madame, qu'un
jour vous souhaiteriez de mourir. Il y a un
an de cela, au château de Moulins, vous
étiez ainsi à mes genoux; vous me deman-
diez votre grace, des larmes dans les yeux,
le désespoir sur tous vos traits : je vous ac-
cordai la vie! Qu'avez-vous fait de cette année que je vous ai donnée pour vous repentir ?

— Monsieur, répliqua Suzanne, d'une
voix pleine de terreur, Monsieur, ne me
regardez pas ainsi!

— Q'avez-vous fait de cette année, Madame? Où sont vos jeûnes? où sont vos veilles, vos stigmates, votre cilice? vos genoux que la prière devait user? Ce velours et cette soie, cet or, ces rubans, ces cheveux parfumés, tout cela est encore la courtisane que le remords n'a pas purifiée!

— Hélas! hélas! répéta Suzanne, êtes-vous venu ici pour me tuer?

— Qu'avez-vous fait depuis un an? Répondez. Vous avez profité des jours que je vous ai laissés, pour afficher mon déshonneur en tous lieux.

— Du temps encore, du temps pour me repentir! Ah! vous êtes bien cruel!

Saint-Romain jeta sur le carreau le feutre qui voilait à demi son visage.

— Regardez-moi, Madame, je suis calme et paisible; ma conscience est pure, et je me suis préparé par la communion au châtiment que je viens vous infliger.

— Ma dernière heure est donc venue ? murmura madame de Saint-Romain.

— Y êtes-vous préparée ?

— Il est donc bien vrai que vous voulez me tuer ! Malgré l'estime que j'eus toujours pour vous, je n'ai jamais pu vous aimer, Monsieur. Que voulez-vous ? il est de ces destinées qu'on ne peut fuir ; un pouvoir plus fort que ma volonté m'emportait à ma perte. Que de pleurs j'ai versés ! que de nuits j'ai prié Dieu d'éteindre dans mon sein cette flamme coupable ! Ah ! vous ne me croyez pas ! vous en avez bien le droit. Prenez donc ma vie, Monsieur ; vengez-vous ! mais épargnez-moi les apprêts de mon supplice. De grace ! que je ne voie pas mon sang couler !

— Rassurez-vous, Madame, il m'a fallu bien des combats pour obtenir qu'on vous laissât la vie !

— Quel autre que vous peut donc désirer que je meure ?

— Une femme qu'une secrète haine anime contre votre père et contre vous.

— Eh quoi ! mon père aussi ? fit madame de Saint-Romain, tordant ses bras vers le ciel. Mon père, mon pauvre père ! Que lui a-t-il fait, grand Dieu !

— Je te le dirai quand je le verrai là, étendu mort à mes pieds !

A ces horribles paroles, Suzanne tourna la tête et se trouva face à face avec une femme dont les regards irrités lui laissèrent pressentir à quelle vengeance implacable elle était réservée. Cette femme, bizarrement accoutrée, portait une couronne d'or sur ses cheveux gris ; quatre spadassins italiens la suivaient, de longues épées nues à la main. Un chartreux marchait devant elle, avec un flambeau allumé.

— Orséolo! et toi brave Galéotto, dit la femme couronnée à deux de ses satellites, qui s'inclinèrent respectueusement, vous savez dans quelle chambre du couvent vous avez renfermé le capitaine Langenfeld.

— Mon père est votre prisonnier! s'écria Suzanne. C'est fait de lui! Madame! épargnez-le, prenez ma vie plutôt.

La femme repoussa durement madame de Saint-Romain, et elle continua :

— Amène-moi le capitaine de ces lansquenets damnés, entends-tu, Orséolo ? S'il résiste, tu es armé ; va !

Puis, attirant à elle la pauvre Suzanne, à moitié morte de frayeur :

— Tu vas savoir maintenant pourquoi j'ai soif du sang de ton père et du tien. Écoute. Ne reconnais-tu pas la misérable femme à qui ta pitié donna du pain ?

— Vous !

— Celle qui te conduisit de Paris à Moulins, qui remit ton billet d'amour au connétable, qui te procura ce dernier entretien si doux, que ton mari vint troubler si fatalement ? Eh bien ! aujourd'hui, la

mendianté est une duchesse; sa misère, une
ruse pour te perdre; ta pitié, une arme qui
tuera ton père et qui fera des nuits de
tes jours! La misérable femme avait deux
enfans autrefois, après elle héritiers légiti-
mes d'une couronne; ces enfans, elle les
chérissait comme ton père te chérit sans
doute. L'infâme! il me les a lâchement as-
sassinés, lui et les brigands que ton connétable avait déchaînés sur ce déplorable
pays!

— Cela n'est pas, Madame! cela ne
peut pas être!

— Avance, Timotéo, dit Césara Visconti
à l'un de ses estafiers; réponds, toi qui ser-
vais alors sous ses ordres, ne l'as-tu pas
vu?

— Oui, Madame, répondit le condottiero.

— L'un de ces deux pauvres anges n'était-il pas déjà traversé de deux coups d'épée, l'autre blessé seulement d'un coup de lance, lorsque le capitaine arriva et prit cet enfant dans ses bras pour l'aller précipiter par une fenêtre ?

— Oui, Madame.

— Voilà pourquoi ton père va mourir ; voilà pourquoi tu serais morte toi-même sans l'intercession de ton mari.

— Que me réservez-vous donc ? balbutia la malheureuse Suzanne.

— Dix années dans le cachot d'un couvent ! sans feu et sans lumière ! du pain et de l'eau pour nourriture ! la terre pour lit !

pour vêtement un cilice ! un confesseur au bout de ce temps ! et la liberté quand tes cheveux auront blanchi comme les miens !

— Ah ! Monsieur, s'écria madame de Saint-Romain en tombant aux genoux de son mari, tuez-moi plutôt avec mon père.

— Je ne suis pas maître ici, Madame, répondit-il. Vous ne mourrez pas; que pouvez-vous demander de plus ?

Suzanne se releva rapidement, et, embrassant les pieds de marbre de la statue de Mathieu Visconti :

— Je veux mourir ici, poursuivit-elle, tuez-moi sous le regard de ce héros dont le sépulcre fut le mystérieux berceau de mon enfance. J'en appelle à la pitié des morts, puisque ici les vivans ont l'oreille fermée à la prière et au repentir!

Césara Visconti pâlit et s'arrêta devant la résignation de la jeune femme. Elle passa les mains sur son front, comme pour y chercher des souvenirs éteints, puis, saisissant le bras tremblant de Suzanne :

— Ce tombeau, ce tombeau, dit-elle, tu le connais donc ? Parle sans peur, on ne te fera point de mal, je te l'assure.

— Mon père, répliqua Suzanne, m'a dit que ce monument m'avait servi d'asile et de berceau pendant les guerres, il y a de cela seize ans.

— Pendant les guerres !.... il y a seize ans! Le roi Louis XII régnait alors en France, n'est-il pas vrai ? et ton père, je

veux dire le capitaine de Langenfeld,
commandait alors une compagnie des soldats du connétable, comme aujourd'hui,
n'est-ce pas ?

— Que vous importe cela ?

— Ce qu'il m'importe ? Timotéo ! cours!
qu'on me ramène vivant le capitaine Langenfeld, vivant, entends-tu bien ? Ma vie
et ma mort sont en ce moment suspendues
à une parole de sa bouche.

Césara Visconti parcourait à grands pas
le chœur de l'église, en proférant des paroles sans suite, qu'interrompaient par
intervalles des exclamations qui ressem-
blaient à la fois à des prières et à des me-
naces. Parfois elle jetait un regard de pitié
du côté de Suzanne, immobile et résignée

à son sort, agenouillée sur les marches du tombeau. Saint-Romain, les yeux fixés à terre, attendait patiemment l'issue de cette scène qu'il ne cherchait pas même à prévoir, car il n'y comparaissait pas comme juge, mais seulement comme témoin. Il voulait le repentir de sa femme et non sa mort, et c'était d'après ses instances que Césara Visconti s'était décidée à remettre sa victime entre les mains du supérieur de la Chartreuse.

Au milieu de ces préoccupations diverses, on vit s'ouvrir une des portes latérales de l'église, et une procession de moines s'avança lentement et en silence jusqu'au maître-autel, portant des cierges allumés et des encensoirs fumans. Après avoir baisé les marches de l'autel, le plus vieux de ces religieux s'approcha de Césara :

— Nous sommes prêts, ma sœur, lui
dit-il, à exécuter vos ordres. Une cellule
retirée, inaccessible au jour, attend la pé-
nitente dans la partie la plus reculée du
monastère. Quand les temps seront meilleurs, je la conduirai moi-même au couvent des Bénédictines de Pavie.

— Pas encore, mon père, répondit la
femme couronnée. Mettez-vous en prière,
et veuille le Ciel éclairer notre jugement!

Lorsque les moines se furent retirés à
l'écart, Césara Visconti prêta l'oreille et
courut entr'ouvrir la porte de l'église.

— Silence, dit-elle, j'aperçois le capitaine de Langenfeld.

Suzanne fit un cri de joie.

— Il vient à nous, continua Césara. Timotéo ne les a cependant pas rejoints. Galéotto lui parle..... Ils s'arrêtent..... Orséolo veut l'entraîner..... il porte la main sur son épée..... Il est mort !

On entendit un gémissement au dehors et comme le bruit d'un corps qui tombe.

— C'est vous qui l'avez tué, Madame ! s'écria Suzanne toute en pleurs.

En ce moment les deux condottieri entraient dans l'église, portant le corps du capitaine de Langenfeld, qui fut déposé aux pieds de Césara. Suzanne se jeta sur son père et tenta de le ranimer par ses baisers.

— Ne lirai-je rien dans ses traits ! mur-

mura la duchesse penchée sur sa face livide. Hélas ! la mort a fermé le livre !

— Il respire, Madame, dit un des condottieri , l'oreille appliquée sur la poitrine
du capitaine.

— Dis-tu vrai ?

— Grace pour lui ! cria Suzanne.

— Il entr'ouvre les yeux, interrompit
Galéotto.

Orséolo poursuivit :

— Ses lèvres ont remué.

— Il va parler. Silence !

— Que va-t-il révéler ?

Césara fit approcher le supérieur des
chartreux, qui présenta son crucifix au mo-
ribond.

— Il est né catholique, mon père, dit

la duchesse, peut-être que ce signe de ré-
demption.....

— Au nom de notre sainte foi ! mon fils,
je vous absous de vos fautes si vous me
répondez.

Le capitaine se souleva et regarda le
crucifix.

— Cette fille est-elle la vôtre? demanda
Césara en montrant madame de Saint-
Romain.

Le capitaine fit signe que non.

— Ne l'avez-vous pas enlevée dans ce
pays? poursuivit la duchesse; où l'avez-
vous trouvée ?

Le capitaine ouvrit ses yeux vacillans,
serra la main de Suzanne et montra du
doigt le tombeau.

— Suzanne, tu es ma fille! s'écria la duchesse; c'est moi qui t'avais cachée dans ce tombeau avec ton jeune frère. Dieu soit loué! Mais quelle preuve! Capitaine Langenfeld, il me faut une preuve si tu veux la sauver.

Le capitaine saisit le bras de Suzanne et fit voir une cicatrice triangulaire qu'elle portait au poignet.

— Voilà le coup de lance, dit Orséolo, donné par un des nôtres à cet enfant que le capitaine emporta. Réparation : il ne l'avait pas tuée.

Le capitaine poussa un dernier soupir et mourut.

— Ma fille! ma fille! répéta la duchesse en emportant Suzanne évanouie dans ses bras, plus de fureur, plus de vengeance! plus de sang ni de larmes ! mais le sourire éternel de ta mère qui t'aime maintenant de toute la haine qu'elle te portait.

Saint-Romain ne fit aucun effort pour retenir la duchesse; l'expression de son visage ne changea point. Il demeura quelque temps encore sans dire un mot. Voyant que les deux condottieri qui avaient tué le capitaine se disposaient à sortir aussi de l'église, il les appela à lui.

— Çà, vous autres, leur dit-il, vous n'avez pas peur d'une bataille rangée ?

— Nous avons fait vingt ans la guerre, Monseigneur, tant du côté du roi que du côté de l'Empereur, selon la solde et les temps.

— Voulez-vous monter à cheval et me

suivre au milieu de la mêlée? Voilà cent ducats, c'est tout ce que je possède.

— A ce prix-là, répondit Galéotto, après avoir pesé le contenu de la bourse, nous sommes à vous, Monseigneur.

— Venez donc.

— Un mot seulement et de peu d'importance, hasarda Orséolo ; nous battrons-nous aujourd'hui pour les Français ou pour les Espagnols ?

— Vous le saurez tout à l'heure; mais frappez juste et pas de grace pour celui que je vous désignerai !

— C'est dit, Monseigneur , marchons !

L'heure de la Vengeance.

—

§ II.

II

Deux heures avant le jour, par ordre
du marquis de Pescaire, don Alfonso d'A-
valos, marquis du Guast, pénétrait dans le
parc de Mirebel, où campait l'arrière-garde
française sous le commandement du duc
d'Alençon. Galiot de Genouillac, grand-

maître de l'artillerie de France, l'un des
héros de Marignan, arrêta, pour un moment,
par le feu de ses pièces, l'impétuosité des
ennemis, qui, divisés en deux bandes, es-
sayaient à la fois de jeter un secours de
troupes dans la ville de Pavie, peu distante
du camp, et de couper les communications
entre les divers corps d'armée. François Ier
et ses favoris, au lieu de se reposer sur la
vieille expérience du grand maître, poussè-
rent leur gendarmerie sur les Impériaux,
qu'ils croyaient déjà en pleine déroute, et,
par ce mouvement irréfléchi, préparèrent
à la France le plus effroyable revers qu'elle
eût essuyé depuis plusieurs siècles.

Le duc de Bourbon, profitant habilement
des fautes de son rival, enveloppa les bandes
noires dans ses deux ailes commandées par
les colonels Frundsberg et Sith, et les écrasa

comme dans une tenaille, selon l'expression de Varillas.

Dès lors cette bataille de Pavie ne fut plus qu'une horrible et interminable boucherie. Les lignes de l'armée française une fois rompues, les arquebusiers espagnols venaient choisir et tuer les plus célèbres guerriers, jusqu'au milieu des rangs de la gendarmerie, à la tête de laquelle le roi combattait avec le courage du désespoir, vêtu d'une cotte d'armes de toile d'argent, la tête couverte d'un casque à grands panaches qui flottaient jusque sur ses épaules; il devint lui-même le but de toutes les attaques. François combattit corps à corps dans la mêlée, et il tua de sa main le marquis de Saint-Ange, petit-fils du célèbre chef albanais Scanderberg; il blessa à la joue un

16*

gentilhomme franc-comtois, nommé d'Andelot, contre lequel il se battit avec un acharnement inouï et comme en un combat singulier. Autour de lui tombait l'élite de la noblesse française. Le marquis de Pescaire reçut au visage un coup de lance qui le jeta en bas de son cheval, ce qui porta un peu de confusion dans les rangs des Impériaux. Le roi en profita pour se retrancher dans son quartier, où vinrent le rejoindre les derniers débris de sa gendarmerie, résolus de mourir à ses côtés.

Le maréchal de Chabannes et le maréchal de Foix, le plus vieux et le plus jeune des maréchaux de France, se firent jour à travers la mêlée, et se rangèrent des premiers auprès du roi.

— Le Ciel est contre nous, messieurs!

leur cria François 1ᵉʳ du plus loin qu'il les aperçut.

— Dites plutôt, Sire, répondit le maréchal de Foix, que monsieur de Bonnivet nous a perdus !

— Monsieur le maréchal, répliqua le roi, vous le haïssez à cause de monsieur de Lautrec, votre frère.

— Non, Sire, reprit le maréchal, mais comme l'auteur de tous nos désastres ! Qui a déchaîné contre nous monsieur le duc de Bourbon, votre cousin, si ce n'est lui ? Qui, depuis deux ans, compromet chaque jour le succès de nos armes en Milanais, si ce n'est lui ? Souvenez-vous, Sire, que monsieur de Bayard fut tué par la faute de votre favori, au combat de Biagrasso. Aujourd'hui encore, ne portons-nous pas la peine de votre confiance en lui ?

— N'est-il donc plus d'espoir, messieurs ? interrompit le roi.

— Vous le voyez, Sire, dit le maréchal de Chabannes, essuyant le sang qui couvrait sa barbe blanche, vous le voyez, monsieur de Bourbon vient de mettre en pièces votre gendarmerie, notre dernier rempart. Mais Votre Majesté est blessée...?

— J'aurai toujours assez de force pour mourir ! Monsieur le maréchal de Chabannes, dites au bâtard de Savoie de se porter en avant.

— Sire ! il est mort ! répondit Chabannes d'une voix grave et désespérée.

— Mort ! mort, dites-vous ! répéta le roi? que monsieur de La Tremouille le remplace !

— Sire, il est mort! la tête et le cœur traversés de deux balles, répondit à son tour le maréchal de Foix.

— Monsieur le duc de Suffolk ?

— Sire, il est mort! reprit le vieux Chabannes ; mort avec le comte de Vaudemont et le jeune Clermont d'Amboise!

— Monsieur de Saint-Sévérin , mon grand-écuyer ?

— Sire, il est mort !

— Louis d'Ars ? Les comtes de Tournon et de Tonnerre? Messieurs de Lorraine et de Nevers ?

— Morts, Sire! tous morts!

— Oh! jour de deuil pour la noblesse de France! Les princes de mon sang? François de Bourbon, comte de Saint-Pol?

— Blessé à mort !

— Hector de Bourbon ?

— Mort !

— Le roi de Navarre ?

— Prisonnier des Espagnols, avec Montmorency, Brion, et les meilleurs de votre maison !

— Bonnivet seul est vivant ! reprit le maréchal de Foix.

— Ne l'accablez pas, dit le roi. En ce moment peut-être son courage vous donne un démenti.

— Ah ! Sire, s'écria le maréchal de Chabannes, pourquoi ne vous êtes-vous pas fié à vos vieux serviteurs !

— Dieu me punit, messieurs, et Bourbon, Bourbon triomphe! N'importe! avec ce dernier débris de mon armée, je ferai tête à la fortune.

— Sire, nous sauverons du moins l'honneur, répondit le maréchal de Chabannes.

Un horrible choc vint en ce moment séparer les interlocuteurs, et le combat recommença plus acharné que jamais. Le roi comprit, à la violence de l'attaque, que c'était le duc de Bourbon qui la dirigeait : il ne se trompait pas. Le dernier groupe de gendarmerie qui se pressait autour de François fut bientôt enfoncé par six côtés différens. Le maréchal de Chabannes tomba tout sanglant, et les chevaux le foulèrent aux pieds. Le maréchal de Foix eut l'épaule et le bras fracassés : mourant et désespéré, il appelait à grand cris Bonnivet pour le percer du bras qui lui restait encore.

Le malheureux favori, auteur de ce désastre, fit preuve au moins d'un courage qui rachète peut-être une partie de ses fautes. Coupé du gros de l'armée royale par les lansquenets de Bourbon, il se trouva isolé dans la plaine, et levant la visière de son casque, au lieu de fuir comme le duc d'Alençon, il rentra dans la mêlée pour ne point survivre à son honneur. Le duc de Bourbon espérait vainement l'atteindre et le prendre vivant. Il trouva le cadavre du favori gisant sur le bord d'un fossé. Un autre cadavre tout sanglant était couché auprès de lui et deux épées brisées les séparaient. Le connétable voulut savoir quel était celui qui lui avait ravi sa victime :

Pompérant leva la visière du casque, et il reconnut Saint-Romain. Le malheureux jeune homme avait-il voulu punir l'auteur du désastre de Pavie, ou servir une dernière fois son maître? C'est ce qu'on ne put savoir. Saint-Romain pourtant donnait encore quelques signes de vie; Pompérant le fit porter à la ville, avec les blessés espagnols.

En ce moment des cris de victoire se firent entendre dans le quartier du roi; le duc de Bourbon y courut. François Ier, blessé au bras et à la main droite, rendu presque méconnaissable par le sang qui sortait à flots d'une autre blessure qui l'avait atteint au dessus du sourcil, tout meurtri par le poids de son cheval, qui venait de se renverser sur lui, se défendait désespérément contre la foule qui le pressait. Deux gentilshommes espagnols, qui ne le reconnaissaient pas sans doute, Diégo d'Avila et Juan d'Urbiéto, lui mirent sur la gorge la pointe de leurs épées. Pompérant se jeta au milieu d'eux et détourna les coups, en suppliant le roi de se rendre au duc de Bourbon. François Ier refusa ; mais, pour arrêter le massacre de sa noblesse, il fit mander le vice-roi de Naples. Le comte de Lannoy s'approcha respectueusement du roi et lui donna la main pour se relever, puis il se découvrit et mit un genou en terre pour recevoir l'épée de son prisonnier.

— Je vous la rends, dit François Ier, trempée du sang de bien des vôtres !

— Sire, répondit le comte de Lannoy,

en lui présentant son épée à son tour, celle que je vous offre en échange en a épargné bien du vôtre.

QUATRIÈME PARTIE.

Trahison pour Trahison.

—

§ I.

I

Tout Madrid est aux balcons. Le roi
Charles revient de Tolède, et sa nombreuse
cour avec lui. Le cortége est superbe à
voir. Les cloches sonnent et le canon retentit. Jamais plus brillante cavalcade n'a
mené pareil bruit sur le pavé de la capitale

des Espagnes. Les hommes d'armes des vieilles ordonnances de Bourgogne marchent en tête et font ranger les curieux. Vingt-quatre pages, vêtus de velours aux couleurs du souverain, qui sont jaune, gris, et violet, précèdent sa personne impériale et font caracoler avec toute la grace possible leurs palefrois à la genette et à la bâtarde. Le grand écuyer marche devant l'Empereur, armé de toutes pièces d'armes blanches, et tient dans sa main droite l'estoc de Sa Majesté. Charles monte un magnifique genet d'Espagne, bai obscur ; il est armé d'une riche armure dorée que recouvre une saye de drap d'or ; sur sa tête, selon sa coutume, l'Empereur porte un bonnet de velours noir, sans panaches ni garnitures.

A sa droite s'avance le vice-roi de Naples,

Charles de Lannoy, qui a conduit en Espagne le royal prisonnier de Pavie. Tous
les yeux sont fixés sur l'illustre usurpateur
de la gloire de Bourbon et de Pescaire,
qui triomphe à leur place de la victoire,
qu'il n'a pas remportée. L'Empereur le sait,
mais il importe à sa politique de ne pas
trop exalter l'orgueil de deux généraux qui
n'ont pas sa confiance. Il n'ignore pas que
le vice-roi de Naples n'est rien sans lui ;
il estime les uns, il protége l'autre. Au
premier rang du cortége, on distingue
don Gaspard d'Avalos, grand-inquisiteur
d'Espagne, et l'évêque d'Osma, confesseur
de Sa Majesté. Le grand-connétable de Castille, don Inigo de Vélasco, chevauche auprès du comte de Haro, son fils aîné ; puis
viennent le grand-amiral don Rodrigue
Henriquez, don Ferdinand de Tolède, duc

d'Albe , don Mércurino Arborio de Gattinara, grand chancelier d'Espagne, le marquis de Villena, le comte de Buren et une
foule de gentilshommes moins célèbres, qui,
à défaut d'autres mérites, s'enorgueillissent
des vertus de leurs aïeux.

La foule se rue aux abords du palais
pour voir descendre de cheval toute cette
noble compagnie. Dès que l'Empereur a
mis pied à terre , un soldat se jette à genoux sur son passage, et lui tend un paquet
de lettres qu'il accompagne de ces mots :

— De la part de monsieur le duc dè
Bourbon et de monsieur le marquis de
Pescaire , lieutenans-généraux de l'armée
d'Italie ! Le grand-écuyer prend les lettres
et les remet à l'Empereur, qui ordonne à

un officier de sa suite de faire conduire au palais le porteur de ces missives.

Le soldat chargé des dépêches du duc de Bourbon fut aussitôt introduit dans la grande galerie du palais impérial, où toute la noblesse du royaume, en somptueux habits de galas, attendait le passage de l'Empereur, qui devait se rendre au Conseil. C'était à qui s'éloignerait au plus vite de cet homme couvert de sueur et de poussière, dont le misérable accoutrement contrastait d'une façon si singulière avec les manteaux de velours et les fines broderies de perles et d'or qu'étalait cette foule magnifique. Le soldat, peu soucieux de l'abandon où on le laissait à dessein, prit le parti de s'asseoir sans plus de façons sur un beau fauteuil de velours violet frangé d'or, qui se trouvait à sa portée. La fatigue de la route qu'il venait de parcourir — car il arrivait de Valence à franc étrier — le prédisposait assez au sommeil pour qu'il eût besoin de tous ses efforts afin de ne pas manquer à l'étiquette en se laissant aller au sommeil. L'éternelle procession des courtisans qui passaient et repassaient devant ses yeux, en attendant la venue de l'Empereur, eut le privilége de le distraire quelques instans; mais, à la fin, il n'y tint plus, et, serrant son feutre entre ses genoux, il appuya sa tête contre le dossier bien rembourré de son fauteuil, et il s'endormit profondément.

La galerie était vide, quand il s'éveilla, et encore fallut-il, pour opérer ce prodige, qu'un bras vigoureux, attaché aux aiguillettes de son pourpoint, le secouât de façon à l'enlever du siége sur lequel il s'était si commodément oublié. A cette brusque attaque, le soldat prononça un juron énergique; puis tout à coup, voyant en quelle compagnie il se trouvait, il demanda pardon de sa faute, d'un ton si piteux, que celui qui l'interrogeait se prit à rire aux éclats.

—Or çà, comment t'appelle-t-on, l'ami? demanda celui qui venait de le déranger si mal à propos dans ses rêves.

— Monseigneur, on m'appelle Diégo, répondit le soldat. A mon tour, ne pourrais-je savoir aussi à qui j'ai l'honneur de parler?

Un murmure, parti du petit groupe qui l'environnait, avertit le pauvre homme qu'il venait de commettre une bévue.

Il essaya de la réparer, mais son interlocuteur ne lui en laissa pas le temps

— Foi d'homme d'honneur! Diégo, lui répondit-il, je vais te contenter sur l'heure. On m'appelle Charles, et je suis soldat comme toi, avec cette différence pourtant qu'on ajoute ordinairement à mon nom les titres d'Empereur d'Allemagne et de roi d'Espagne et des Indes.

— Je connais cet homme, dit le comte de Lannoy; il appartient aux bandes de monsieur le marquis de Pescaire. Il combattait avec nous à la journée de Pavie.

— Fort bien, répliqua l'Empereur. C'est donc toi qui nous apportes cette missive du marquis et cette autre lettre du duc de Bourbonnais et d'Auvergne?

— Oui, Sire.

— Et où as-tu laissé le duc? Il m'apprend dans ce billet qu'il vient de débarquer en Espagne, et qu'il fait toute diligence pour arriver dans notre capitale. Qu'il y soit le bien-venu.

Puis, se tournant vers les personnages qui l'accompagnaient: — Je dois beaucoup à monsieur de Bourbon, messieurs. Qu'il soit accueilli selon son rang et ses mérites. Monsieur de Villena, vous prêterez, s'il vous plaît, pour l'amour de moi, l'un de vos palais à monsieur le duc de Bourbon, pendant son séjour à Madrid.

— Oui, Sire, répondit le marquis en s'inclinant; mais, quand ce traître en sera sorti, vous me permettrez d'y mettre le feu.

Charles ne releva pas le mot du marquis, qu'il feignit de n'avoir pas entendu, car il ne voulait ni approuver ni punir. S'adressant à monsieur de Buren, l'un de ses chambellans :

— Hé bien, lui dit-il, vous avez lu la lettre du marquis de Pescaire ? dites-nous ce quelle contient.

— Sire, répondit monsieur de Buren, je ne sais si je dois obéir à votre ordre ; les termes de cette lettre sont d'une telle inconvenance....

— Le marquis se plaint-il donc de moi ?

— Non, Sire ; c'est de son collègue, monsieur le vice-roi de Naples, que parle la lettre du marquis.

— Monsieur de Lannoy , interrompit l'Empereur, qui n'était pas fâché peut-être de corriger par un peu de honte l'injuste faveur qu'il avait accordée au vice-roi ; monsieur de Lannoy est trop haut placé dans notre estime pour qu'une injure puisse l'atteindre.

Monsieur de Buren lut ce qui suit :

» Si l'on eût suivi ses conseils , on eût
« perdu tout le Milanais par une fuite hon-
« teuse vers le royaume de Naples. A la ba-
« taille de Pavie, il ne savait ni ordonner
« ni combattre ; il n'avait ni tête ni cœur ;
« il s'écriait sans cesse avec un effroi qui
« le rendait méprisable au moindre soldat :
« —Ah! nous sommes perdus! — S'il ose
« démentir ces faits , je les lui soutiendrai
« l'épée à la main. »

— Sire, s'écria le comte de Lannoy pâle de colère et d'humiliation, me laisserez-vous ainsi insulter en votre présence?

— Vous mépriserez de telles calomnies, monsieur, dit Charles-Quint, et vous justifierez par de nouveaux services le choix que j'ai fait de vous.

L'Empereur congédia le messager du duc de Bourbon avec une royale récompense, et il lui ordonna de répondre à son général que les portes du palais lui étaient ouvertes; puis il continua son chemin vers la salle du Conseil, où le suivirent les personnages qui l'accompagnaient. Comme il en allait franchir le seuil, une jeune et belle femme, portant une couronne royale sur la tête, s'avança de son côté et vint lui baiser humblement la main.

— Sire, lui dit-elle en levant sur·lui des yeux inquiets, veuillez excuser ma démarche. Il faut que je vous parle; il le faut absolument.

— L'heure est mal choisie, très-chère doña Léonora, répondit Charles, vous le voyez, je me rends au Conseil. Laissez-moi débattre les affaires de mon royaume, et je vous entendrai ensuite.

— Vous m'entendrez auparavant, mon frère, reprit la veuve du roi de Portugal.

Puis, craignant d'avoir offensé l'extrême susceptibilité de l'Empereur, elle ajouta plus timidement :

— Votre Majesté ne voudrait pas faire le malheur de ma vie en me contraignant d'épouser un homme que je ne puis aimer.

Le visage de Charles-Quint s'alluma d'un éclair de joie, qui ne put échapper aux regards de sa sœur. Elle prévit que sa sollicitude devait servir les projets de son frère, puisqu'il l'accueillait avec une faveur aussi marquée. Enhardie par ce premier succès, elle tomba aux genoux du fier souverain, qui la releva aussitôt dans ses bras :

— Mon frère, poursuivit-elle, vous savez si je fus toujours fidèle et dévouée à vos moindres ordres. Quand vous avez daigné disposer de ma main en faveur de monsieur le duc de Bourbon, j'ai pensé qu'après les droits de la politique, vous ne refuseriez pas de consulter aussi les dispo-

sitions de mon cœur. Monsieur de Bourbon arrive, dit-on, aujourd'hui à Madrid.
Il vient réclamer de vous l'accomplisse-
ment d'une promesse que vous ne pouvez
lui tenir sans consommer le malheur de
ma vie. Rompez cette union projetée, mon
frère, car la veuve d'Emmanuel-le-Grand ne
peut s'allier à un homme qui a élevé sa fortune sur la ruine de son pays et de son roi.
Disposez de moi comme vous l'entendrez,
Sire, mais ne me donnez pas pour époux
un prince que je ne saurais que haïr et
mépriser.

—Vous l'entendez, messieurs, dit l'Empereur en s'adressant à ses Conseillers;
vous êtes là pour témoigner que j'ai fait
mes efforts afin de remplir ma promesse
envers monsieur le duc de Bourbon. Un

obstacle inattendu s'oppose à ce que je suive à cet égard la conduite que je m'étais proposé de tenir : vous serez juges entre monsieur de Bourbon et moi.

Charles-Quint déposa un baiser sur le front de sa sœur; puis il passa dans la salle où ses ministres l'attendaient.

L'affaire sur laquelle l'Empereur appelait les délibérations de ses conseillers était de nature à le préoccuper vivement; et il les consultait plutôt pour obtenir leur approbation que pour leur demander des avis. Il s'agissait du traité qui devait rendre la liberté au roi de France. François Iᵉʳ, depuis dix mois, languissait dans l'Alcazar de Madrid. Il avait refusé jusqu'alors de consentir au démembrement de son royaume par la cession de la Bourgogne, et il n'avait pas rejeté avec moins d'horreur la proposition de rétablir le connétable de Bourbon dans ses titres et dans ses biens. Charles-Quint, espérant tout du temps, avait compté lasser la patience de son prisonnier, mais il venait d'apprendre que le roi était tombé dangereusement malade, et il craignait de perdre tous ses avantages s'il le laissait mourir. C'est pourquoi il avait résolu de lui accorder quelques concessions et de le visiter pour la première fois dans sa prison, pour discuter avec lui les bases du traité à conclure, dont un des articles stipulait que la main de doña Léonora serait retirée au duc de Bourbon, pour être donnée au roi de France.

Le chancelier Gattinara s'éleva violemment contre l'obligation que l'on voulait

imposer à François Ier de céder la Bourgogne par un traité.

— Une fois libre, dit le chancelier, le
roi n'exécutera pas cette clause impossible;
emparez-vous de cette province, Sire, et
vous traiterez ensuite avec le roi.

— Il serait plus grand et plus digne de
vous, Sire, répliqua le comte de Lannoy,
de le renvoyer chez lui sans rançon. Quant
à ce qui regarde la réintégration du duc
de Bourbon dans ses titres et dans ses
biens et l'érection de ses états en royaume,
sans aucune mouvance de la couronne, le
roi de France aimera mieux mourir dans
les fers que de vous l'accorder.

— Monsieur de Lannoy, interrompit
l'Empereur, j'ai engagé ma parole à mon-

sieur le duc de Bourbon ; songez que la parole de l'Empereur est sacrée !

— Votre Majesté Impériale fera d'autant mieux de tenir sa parole à monsieur de Bourbon, reprit l'évêque d'Osma, avec ce ton de familiarité que lui permettaient de prendre l'amitié particulière de son souverain et son titre de confesseur, qu'il est certain que le roi de France l'en tiendra quitte par son refus.

— Je n'en aurai pas moins rempli mon devoir, monsieur l'évêque.

— Oui, Sire, et à bon marché.

— Que demande encore le roi de France ? continua Charles-Quint. Je pense, messieurs, que nous devons tout faire pour le contenter.

— Le roi de France, Sire, dit le chancelier, demande la main de la reine de Portugal, votre auguste sœur, et il promet de faire un jour épouser au dauphin, l'infante, fille de doña Léonora.

La délibération se trouvait ainsi tout naturellement portée sur le point qui importait le plus à la politique de Charles Quint ; toutefois il ne se hâta pas d'ériger son manque de foi en vertu d'État ; il se contenta d'énumérer avec soin tous les avantages qui devaient résulter pour l'Espagne de cette alliance à laquelle, à l'entendre, il n'avait pas songé jusque là. Après avoir faiblement plaidé la cause du connétable et témoigné ses regrets de l'aveu presque public qui venait d'échapper à sa sœur, il se rendit à grand'peine à l'avis qu'il avait lui-même ouvert.

— Que dira, cette fois, monsieur de Bourbon? insinua l'évêque d'Osma, qui ne voulait pas paraître dupe de la ruse de l'Empereur.

— La raison d'Etat, monsieur l'évêque, répondit Charles, et le bonheur de ma sœur bien-aimée, sont plus puissans que moi. Mais, foi d'homme d'honneur! nous indemniserons monsieur le duc.

— Oui, Sire, fit l'évêque en se penchant à l'oreille de Charles-Quint, vous l'indemniserez comme pour la Provence et le Dauphiné, que le roi de France gardera.

— Dieu seul est maître de l'avenir, répliqua l'Empereur.

Puis, sollicitant du regard l'assentiment de son Conseil, il poursuivit :

— Ainsi donc, messieurs, nous discuterons le traité de Madrid sur ces bases.

— Je maintiens mon opinion, interrompit le chancelier Gattinara ; ce traité est désastreux pour l'Espagne. Le roi de France ne remplira pas et ne peut remplir ses promesses.

— Vous le scellerez pourtant, monsieur le grand chancelier, dit Charles-Quint, c'est le devoir de votre charge.

— Je ne le scellerai pas, s'écria le chancelier, car ce traité est contraire aux vrais intérêts de mon souverain.

— Hé bien, reprit l'Empereur en souriant, je le scellerai moi-même. La séance de notre Conseil est levée, messieurs.

J'ai décidé que je me rendrais aujourd'hui aux pressantes sollicitations du roi de France. J'irai le voir à l'Alcazar. Qu'on lui en porte la nouvelle.

Au moment où le Conseil allait se séparer, le duc d'Albe s'approcha de l'Empereur, et, lui présentant un papier :

— Plaît-il à Votre Majesté de signer cet ordre ?

— L'arrestation de la sœur de François Ier ? fit Charles-Quint en regardant le duc d'Albe.

— Oui, Sire ; ce soir expire son sauf-conduit. Madame la duchesse d'Alençon est soupçonnée de vouloir favoriser la fuite du roi, son frère.

L'Empereur prit une plume et signa.

— Qu'elle demeure donc à notre cour, dit-il, nous tâcherons de lui en rendre le séjour agréable. Puis, remettant l'ordre au comte de Lannoy : — Monsieur le vice-roi de Naples, je vous charge de l'exécution de cette mesure.

Un chambellan vint annoncer en ce moment l'arrivée du connétable à Madrid. Il venait de se présenter aux portes du palais et il demandait à voir l'Empereur. Cette nouvelle parut quelque peu déconcerter Charles-Quint. Il sentait, malgré lui, à quels justes reproches il s'était exposé. Monsieur de Buren demanda quelle réponse on devait porter au duc.

— Qu'il attende! répondit Charles après une minute d'hésitation. Et il retint au-

près de lui l'évêque d'Osma. Quand ils
furent demeurés seuls :

Monsieur l'évêque, lui dit l'Empereur, j'ai besoin de vos services.

— Je suis aux ordres de Votre Majesté.

— Il faut que vous me trouviez aujour-
d'hui même un gentilhomme de bonne
maison, honnête et pieux, qui consente à
entreprendre un pélerinage à Rome, à
pied, le bourdon et le rosaire à la main,
pour le salut d'une personne qu'une impé-
rieuse nécessité va forcer de manquer à un
serment.

— S'agit-il du serment fait à monsieur de Bourbon par Votre Majeste Impériale? demanda l'évêque en souriant.

— Vous me questionnez, je crois? répartit l'empereur d'un ton presque fâché.

— Ne suis-je pas le confesseur de Votre Majesté?

— Nous ne sommes pas ici, monsieur l'évêque, au tribunal de la pénitence.

L'évêque d'Osma prit un visage plus sévère.

— Je connais un gentilhomme français, poursuivit-il, laissé parmi les morts à la bataille de Pavie, et qu'un de vos officiers a ramené à Madrid, espérant en tirer quelque rançon...

— Et ce gentilhomme.....

— Est un modèle de piété.

— Et vous croyez qu'il accomplirait fidèlement et saintement sa mission?

— J'en répondrais à Votre Majesté.

— J'acquitterai sa rançon, poursuivit Charles-Quint ; vous me le présenterez à l'Alcazar, quand j'irai visiter le roi de France.

Un chambellan parut à l'une des portes de la salle du Conseil. Monsieur de Buren entra dans le même moment par une autre porte. Le chambellan s'avança et dit à l'oreille de Charles :

— Selon les ordres de Votre Majesté Impériale, doña Visconti et sa fille vous attendent, Sire, dans votre cabinet.

Monsieur de Buren, à son tour, prit la parole :

— Monsieur le duc de Bourbon fait prévenir Votre Majesté qu'il attend toujours son bon plaisir.

— Qu'il attende! répondit Charles.

— Votre Majesté, hasarda l'évêque d'Osma, prêterait-elle l'oreille aux réclamations de doña Visconti, de cette prétendue héritière de la couronne de Milan?

— Ne dépend-il pas de moi, répondit l'Empereur, de rendre certains de ses droits douteux?

— Sans doute, Sire, l'investiture du duché de Milan, à condition d'épouser la fille de doña Visconti, serait un motif plausible pour dégager votre parole envers monsieur de Bourbon.

Charles-Quint lança un regard de colère
à l'imprudent questionneur; puis, s'adou-
cissant tout à coup :

— Vous êtes de bon conseil, monsieur
l'évêque d'Osma, lui dit-il; mais, à l'avenir,
si vous m'en croyez, vous oublierez que
je fus votre élève, et vous me dispenserez de
rappeler à mon ancien maître qu'il ne l'est
plus aujourd'hui. Occupez-vous, je vous
prie, de me trouver l'homme que je vous
ai demandé.

— Sire, répondit l'évêque, tout déconcerté de la réprimande, je vous le présenterai à l'Alcazar, ainsi que vous me l'avez
ordonné.

— Quant à vous, de Buren, poursuivit l'Empereur, vous recevrez ici monsieur de Bourbon, et vous lui ferez compa-

gnie jusqu'au moment où je pourrai le recevoir.

L'Empereur entra dans son cabinet, suivi de son chambellan. Monsieur de Buren fit ouvrir à deux battans la porte de la salle du Conseil, et le duc de Bourbon fut introduit.

— Verrai-je enfin l'Empereur, monsieur? dit le connétable en cherchant à contenir un mouvement de mauvaise humeur.

— Sa majesté, monsieur le duc, répondit monsieur de Buren, vous prie d'attendre ici ses ordres.

— Attendre! toujours attendre! répéta le duc en froissant ses gants entre ses doigts, ai-je donc passé les mers pour venir me promener dans les anti-chambres de votre maître? Ai-je reconquis le Milanais à Charles-Quint et mis entre ses mains le roi de France, son rival, pour qu'il me traite dans ses faveurs comme François Ier ne m'a pas traité dans sa colère? Ah! monsieur de Buren, ce n'est pas là ce que vous m'aviez promis!

— Telle est l'étiquette de notre cour, monsieur le duc.

— Depuis mon débarquement en Espagne, reprit le connétable, quels honneurs a-t-on rendus au vainqueur de Pavie? Après la victoire de Marignan, monsieur, le roi de France descendit de cheval et vint m'embrasser en m'appelant son frère; il n'avait pas même encore essuyé la pous-

sière et le sang qui couvraient son armure !

— Nous ne sommes plus en France ,
monsieur le duc, balbutia le Conseiller de
Charles-Quint.

— Je m'en aperçois, monsieur ! Cette
foule de petits hobereaux que j'ai traversée
pour arriver jusqu'ici daignait à peine se
ranger sur mon passage. Sainte-Barbe ! je
ne suis pas fait à ces façons d'agir ! il faut
que je parle à l'Empereur ! Je viens le som-
mer de me tenir sa parole. Je viens lui réclamer la main de sa sœur et mon royaume
de Provence et de Dauphiné. Je suis entré
dans ce palais en solliciteur, je n'en sor-
tirai qu'en souverain.

— Tous les serviteurs de Sa Majesté ,
monsieur le duc , ne sont également que

poussière et néant devant les ordres abso-
lus de leur gracieux souverain.

— Et serai-je donc réduit, s'écria le
duc, à regretter ce que j'ai quitté? Après
avoir clos d'un revers de mon épée la
bouche qui m'insultait, me faudra-t-il
baiser la main qui m'avilit? Non! par le
Ciel! le vaisseau qui m'a conduit en Espagne est encore à l'ancre, et j'ai laissé mon
armée d'Italie la lance au poing dans les
plaines du Milanais.

Un chambellan sortit du cabinet de
Charles-Quint :

— De la part de l'Empereur, dit-il en
s'éloignant après avoir remis un paquet de
lettres à monsieur de Buren.

— Encore une fois, monsieur, poursuivit le duc de Bourbon, je veux savoir mon sort.

— Sa Majesté, répondit monsieur de Buren, dès qu'il eut jeté les yeux sur les missives impériales, Sa Majesté ne recevra plus personne aujourd'hui.

Le connétable fit un mouvement d'impatience.

— Peut-être, continua le comte, y a-t-il dans ces papiers quelque ordre qui vous concerne.

— Voyons! dit le connétable en parcourant du regard les suscriptions des lettres que monsieur de Buren faisait passer sous ses yeux.

« Ordonnance impériale qui confère le

collier de la Toison-d'Or au neveu du marquis de Pescaire »...... Et pour moi?

« Ordonnance impériale qui investit don Charles de Lannoy vice-roi de Naples, de la principauté de Sulmone......» Et pour moi! répéta le connétable avec colère.

— Une lettre de Sa Majesté.

— Donnez.

Le duc froissa la lettre dans ses mains après l'avoir lue.

— Rien! rien! que l'ordre d'aller le trouver à l'Alcazar où il s'entendra, dit-il, avec moi sur la réalisation de ses promesses. Il veut me tromper! je le connais! Voyez, monsieur, la suscription de sa lettre. Il m'écrivait autrefois : « A mon bien-aimé cousin et beau-frère. » Aujourd'hui : « A Monsieur le duc de Bourbon! »

— Que ferez-vous, monsieur le duc ?

— J'irai apprendre de la bouche de Charles-Quint , dans la prison de François 1er, que celui-là est bien fou qui se fie à la parole des rois.

Trahison pour Trahison.

—

§ II.

II

Deux femmes couvertes de leurs man-
tilles viennent de franchir le seuil de l'Alcazar de Madrid. Elles parcourent silen-
cieusement les noires galeries de ce palais
mauresque donné pour prison à François Ier
par Charles-Quint. Le capitaine Alarson ,

mestre-de-camp de l'infanterie espagnole, chargé de la garde du roi captif, est venu lui-même leur ouvrir les portes de ce chateau-fort, où nul ne pénètre sans un ordre exprès de l'Empereur. Ces deux femmes, dont la litière armoriée et le riche costume de deuil annoncent le rang et l'importance, sont introduites dans une haute salle où pendent pêle-mêle, attachés aux piliers de pierre sculptés, les drapeaux castillans et les trophées sarrazins.

Quand les deux femmes se trouvèrent seules, elles s'assirent, et l'une d'elles dit à l'autre :

— Il va bientôt venir, ma fille. Songez que vous avez juré sur l'hostie consacrée, d'obéir aux ordres de l'Empereur ; songez que vous n'êtes plus Suzanne de Langenfeld, mais Catherine Visconti, héritière de la couronne de Milan.

— Ah! Madame, je tremble, murmura la plus jeune des deux femmes.

— Songez, poursuivit sa compagne, que la mort de monsieur de Saint-Romain vous a rendue libre, et que le duché de vos pères n'est accordé à monsieur de Bourbon qu'à la condition qu'il le tiendra de vous.

— Si le Ciel le voulait ainsi, madame, tous mes maux seraient oubliés!

La vieille dame se leva brusquement du fauteuil où elle était assise.

— Le verrais-je donc refuser mon alliance! s'écria-t-elle, cet aventurier qui n'a d'asile que sa tente, de patrie que son camp, de famille que les bandes de brigands qu'il appelle ses soldats ! Ah ! c'est lui faire bien de l'honneur, je crois, que de couvrir du manteau de mon nom le mépris que sa trahison inspire !

— Madame ! madame, point d'imprécations ! le Ciel vous a trop exaucée !

— Se peut-il que vous l'aimiez encore, continua la plus âgée des deux femmes ; un homme à qui vous devez tous vos maux ! un homme dont le cœur n'a jamais battu qu'au bruit des épées et des tambours ; un homme, madame, qui ne vous a jamais aimée!

La jeune femme se cacha la visage dans un pli de sa mantille.

— Oh ! ne dites pàs cela ou vous n'êtes pas ma mère. Dût-il me repousser encore, je l'aime, madame! dût-il me tuer de sa main, je l'aime! Mais il se souviendra de ce que j'ai souffert pour l'amour de lui. Si, au milieu de ses préoccupations d'avenir, quand sa gloire et sa personne étaient en jeu sur un champ de bataille, il a mal accueilli les plaintes d'une femme trop prompte à s'alarmer, faut-il en accuser son cœur? Non, madame, c'est moi, moi seule qui aurais dû dévorer mes larmes au lieu de les étaler à ses yeux. Mais aujourd'hui qu'il recueille le prix de ses travaux; aujourd'hui que l'Empereur va le récompenser de son courage, son front sera souriant et son regard s'arrêtera plus doucement sur moi, n'en doutez pas!

— Enfant! interrompit Césara Visconti en jetant sur sa fille un regard de tendre

pitié, ne sais-tu pas que l'ame d'un ambitieux est une grève aride que nul soleil ne
peut féconder?

— Par pitié, madame, ne me détrom-
pez pas.

— Et s'il refuse d'obéir à l'Empereur?

— Ah! ma mère! répondit Suzanne en
se jetant dans les bras de sa compagne, ma
mère! je serai bien malheureuse!

La vieille dame hocha tristement la tête,
puis baisant au front la pauvre Suzanne :

— Rassurez-vous, lui dit-elle; il ignore
ce qui l'attend ici, car il ne nous sait pas à
Madrid. Il ne sait pas que ma vengeance
est un lion qui sommeille ; Dieu le garde
de la réveiller! Songez, ma fille, au serment que vous avez fait en recevant la

sainte hostie des mains du prêtre. Quelque
séduction qu'il emploie, quelque menace,
quelque prière qu'il vous fasse, soyez
ferme.

— Écoutez ! fit Suzanne en courant
vers la porte qu'elle entr'ouvrit et qu'elle
referma presque aussitôt; quelqu'un s'ap-
proche : c'est lui. Ah! je sens tout mon
courage défaillir. Je voudrais à présent que
ce projet ne se réalisât pas ; je voudrais
que l'Empereur renonçât......

—Silence ! interrompit Césara Visconti,
qui posa sa main sur la bouche de Suzanne,
monsieur de Bourbon ne doit connaître ta
présence à Madrid qu'au moment où l'Empereur nous appellera devant lui.

Les pas que l'on entendait dans la gale-

rie étaient en effet ceux du duc de Bourbon qui venait chercher à l'Alcazar l'entrevue que lui avait assignée l'Empereur. Il en
ignorait le motif, mais quelque défiance
qu'il pût nourrir dans son esprit contre la
bonne foi de Charles-Quint, il n'allait pas
pourtant jusqu'à supposer que l'Empereur
pût se jouer de lui à ce point de mettre en
oubli d'un seul coup toutes les promesses
qu'il lui avait si solennellement faites. Il
lui semblait impossible, non pas seulement
qu'on oubliât ses services passés, mais
qu'on se privât volontairement des bons
offices qu'il était capable de rendre pour
l'avenir, et que l'on s'exposât à une vengeance aussi terrible que celle dont le
champ de bataille de Pavie avait été le
théâtre. Il estimait Charles-Quint trop bon
appréciateur des choses et des hommes,

pour n'avoir pas compris que le comte de
Lannoy, auquel il affectait de prodiguer ses
plus éclatantes faveurs, n'était pas le vainqueur de François Ier, quoique pourtant,
par une insigne supercherie, le vice-roi de
Naples eût amené le royal prisonnier de
Gênes à Madrid, sans même prévenir ses
collègues du départ de ses galères. La lettre
adressée à l'Empereur par le marquis de
Pescaire aurait suffi en tous cas pour dissiper cette erreur, si elle eût été possible.

Comme le connétable se promenait à
grands pas dans les immenses corridors de
l'Alcazar, attendant avec impatience le moment d'éclaircir ses doutes, un soldat qui
l'avait accompagné du palais impérial à la
prison du roi accourut vers lui, et lui
présenta un papier qu'un gentilhomme de

la suite de François 1er venait, disait-il, de laisser tomber par mégarde de son pourpoint, et qu'un autre soldat avait ramassé sans pouvoir le lire.

Le duc prit la lettre que lui présentait le soldat : elle était à l'adresse du roi, et la suscription, de la main de madame Marguerite de Valois, duchesse d'Alençon. Le duc l'ouvrit avec précipitation et sa lecture parut le plonger dans un profond étonnement.

— Diégo, dit-il au soldat, nul autre que toi n'a vu ce papier, n'est il pas vrai ?

— Non, monsieur le duc, si ce n'est Lopez, qui l'a ramassé et qui me l'a donné pour vous le remettre, car ni Lopez ni moi nous n'avons étudié pour être clercs : par conséquent nous ne savons pas lire.

— C'est bien, dit le connétable en chiffonnant le billet qu'il serra dans son gant; c'est bien. Ce papier n'a aucune importance; toutefois ne dis à personne que tu l'as trouvé. Viens, conduis-moi chez le gouverneur de l'Alcazar, j'ai besoin de lui parler sur l'heure.

Le connétable paraissait très-agité. Arrivé au logis du capitaine Alarson, qui avait servi sous ses ordres en Milanais, il demanda à voir le roi de France, ce qu'il n'obtint qu'à grand'peine, car le gouverneur était responsable sur sa tête du prisonnier, qui déjà une fois avait tenté d'échapper à sa surveillance.

Ce ne fut pas sans une vive émotion que le connétable pénétra dans la partie du château où François Ier attendait depuis dix mois la fin de sa cruelle captivité. Quelques salles basses, obscures et humides, quelques escabeaux vermoulus, des lambeaux de tapisserie, où les hauts faits des armes espagnoles étaient représentés avec autant d'exagération que de mauvais goût, voilà ce qui, pour François Ier, remplaçait les somptuosités royales des Tournelles. Le Ciel lui-même n'apparaissait dans cette triste résidence que rayé par les barreaux de fer dont toutes les fenêtres étaient garnies. Des portes verrouillées au lieu de lambris d'or, des geoliers au lieu de chambellans, la méfiance veillant debout et l'œil ouvert, à la place de la flatterie aveugle prosternée devant la puissance du souverain! La cour du roi de France, hélas! s'était réduite en proportion de sa fortune. On n'y comptait guère

en ce moment que cinq des favoris que le
destin de la guerre avait livrés vivans aux
Espagnols au milieu de la déroute de Pavie.
Le duc de Bourbon aperçut de loin, dans
la salle où se tenait le roi, Chabot de Brion,
Monchenu et Montmorency, les trois amis
et commensaux de l'amiral de Bonnivet. Plus
heureux ou plus prudens que leur infortuné collègue, ces guerriers en pourpoints
de satin avaient été faits prisonniers avec
leur maître. D'autres gentilshommes, qui va-
laient mieux qu'eux peut-être, partageaient
encore le sort du roi. On distinguait ans
leurs rangs Fleuranges, surnommé *le Jeune
adventureux*, le même qui nous a laissé de
curieux Mémoires sur le règne de François
Ier; Guillaume du Bellay-Langey , autre
historien non moins estimable ; La Roche-
du-Maine, le capitaine de Lorges , qui

avait commandé l'avant-garde dans la campagne de 1523, et plusieurs capitaines et gentilshommes d'un mérite éprouvé.

Quand le duc de Bourbon entra dans la chambre du roi, un mouvement d'indignation se fit entendre parmi les prisonniers. Le roi se leva du fauteuil où il était assis. Le duc traversa lentement et avec dignité le petit groupe qui semblait vouloir s'opposer à son passage, et il vint baiser respectueusement la main de François Ier, qui le laissa faire et voulut rester seul avec lui. Le roi reçut le connétable comme un prince de son sang, et comme s'il eût oublié qu'il lui devait tous ses malheurs. Le duc, de son côté, plaignit le malheureux destin du roi, et s'empressa de lui faire espérer que bientôt son temps d'épreuve

allait finir. Bien plus, il lui offrit de s'em-
ployer auprès de l'Empereur, pour presser
le résultat définitif des conférences en-
tamées par le président de Selves et
l'archevêque d'Embrun. Cette modération
de langage entre deux hommes qui con-
servaient de si terribles griefs l'un envers
l'autre, prouvait qu'ils avaient compris
tous deux l'énormité de leurs torts, qu'en
ce moment ils eussent voulu pouvoir ra-
cheter au prix de leur sang. Mais il était
trop tard pour retourner en arrière ; chacun des deux héros devait épuiser jusqu'au
bout les chances de la fortune.

Le connétable aborda enfin le véritable
motif de sa visite.

— Sire, dit-il, vous n'ignorez pas que
l'Empereur, en traitant de votre mise en

liberté, n'a pas de plus cher désir que de trouver un prétexte pour vous retenir en sa puissance.

— Je le sais, répondit François Ier, qui laissa retomber sur sa poitrine sa tête malade et pesante.

— Prenez donc garde, Sire, poursuivit le duc, de lui fournir vous-même ce prétexte en confiant à de jeunes écervelés de dangereux projets qui ne doivent être connus que de Dieu et de vous.

François Ier demeura interdit de cette confidence. Il balbutia quelques mots pour chercher à donner le change au connétable ; mais celui-ci lui glissant la lettre qu'il avait reçue du soldat Diégo :

— Si ce billet, dit-il, fût tombé dans les

mains d'un de vos ennemis, madame la duchesse d'Alençon serait à cette heure emprisonnée avec vous dans l'Alcazar, au lieu de poursuivre sa route vers la France, où elle va remplir l'honorable et sainte mission que vous lui avez confiée.

— Monsieur le duc, répliqua le roi en serrant la main du connétable, vous sauvez la liberté de ma sœur et la mienne, et vous me prouvez que vous n'avez pas oublié la France. Recevez les remerciemens de votre cousin. Foi de gentilhomme! le cœur me saigne de penser que nous avons perdu pour toujours l'espoir de vous revoir à notre cour. Si je savais une façon de vous satisfaire......

— Ne parlons pas de ces choses, Sire, interrompit le duc, ce qui est fait est fait.

Eussé-je mis le pied en enfer, je ne le retirerais pas. Vous me connaissez.

Il se fit un silence de quelques minutes. François Ier et le connétable parurent tous deux plongés dans une amère rêverie. Le roi reprit le premier la parole.

— Aussi bien que moi, monsieur, dit-il au duc de Bourbon, vous connaissez la duplicité de l'Empereur. Fasse le Ciel que vous n'ayez pas à vous en plaindre! Je dois vous prévenir que je ne saurais accorder les clauses stipulées en votre faveur par le projet de traité qui m'a été soumis.

— Pourtant, Sire, répliqua sèchement le duc, je ne me sens pas disposé à m'en départir.

— C'est l'Empereur qui jugera de mes raisons, mon cousin.

— J'ai sa promesse, Sire.

— Vous tenez peu de chose, monsieur, repartit François Ier, et, sans aller plus loin, je vous apprendrai, si vous l'ignorez, que Charles-Quint m'accorde aujourd'hui le main de la reine de Portugal, sa sœur, qu'il vous avait offerte, dit-on.

— On ne m'avait donc pas trompé! s'écria le connétable! Ce rendez-vous où l'Empereur me convie n'a d'autre but que de m'annoncer son manque de foi : c'est maintenant une autre union qu'il me destine. Il dispose de moi sans me consulter, selon les exigences ou les besoins de sa politique. Je ne suis plus son allié, mais son vassal. Sainte-Barbe ! il n'aura pas si bon marché de moi qu'il le pense, et plutôt que de plier lâchement les genoux devant son caprice.......

— Mon cousin, interrompit François Ier, serez-vous donc toujours le même ? Votre cœur est grand et généreux, mais, foi de gentilhomme! votre tête vous a toujours perdu! Je vous conjure à mains jointes de réfléchir à deux fois avant d'aller vous rompre le cou dans une pareille aventure ; songez, quoi que vous fassiez , que l'Empereur tient votre sort dans sa main.

— Il n'importe, Sire, je n'ai jamais mis en balance mon honneur avec mon intérêt. Je vais trouver l'Empereur ; il saura ma pensée tout entière : advienne ensuite que pourra !

Le duc de Bourbon quitta la prison du roi, et se dirigea en grande hâte vers la salle où le capitaine Alarson le conduisit lui-même en attendant la venue de Charles-Quint. Il entrait dans cette salle, lorsque deux femmes sortirent d'une salle voisine, et s'informèrent auprès du gouverneur de l'Alcazar si l'Empereur n'était pas encore arrivé au château. Le connétable tressaillit à la voix de ces femmes, qu'il reconnut aussitôt. Il poussa brusquement la porte qui le séparait d'elles, et il se trouva face à face avec madame de Saint-Romain et sa mère.

— Vous ici, Suzanne! s'écria-t-il.

— Nous nous rendons ainsi que vous aux ordres de l'Empereur, répondit Césara Visconti. Ce n'est plus Suzanne de Langenfeld que vous avez devant les yeux, mais bien Catherine Visconti, héritière de la couronne de Milan par la cession que moi, sa mère, je lui fais de mes droits, qui sont reconnus par Charles-Quint.

—J'ai tout compris à cette heure, dit le connétable en fermant la porte de la salle, où il venait d'entrer avec Suzanne et Césara Visconti. Suzanne de Langenfeld ou Catherine Visconti, comme il vous plaira de vous nommer, vous voilà donc liguée contre moi avec mes ennemis!

— Contre lui ! murmura Suzanne en joignant les mains.

— Je sais que l'Empereur prétend se servir de vous pour me forcer à renoncer à la main de sa sœur.

— A la main de sa sœur ! je l'ignorais , monsieur le duc. Vous allez donc vous marier ?

— N'espérez pas, reprit le connétable, que j'accepte de vous l'investiture du duché de Milan, en dépit des prières de Charles-Quint. Sa politique m'aurait bientôt enlevé cette couronne, comme il va l'ôter à Sforce, qui avait sa parole aussi.

— Ma mère, vous me l'aviez bien dit ! interrompit madame de Saint-Romain.

—Les prières de l'Empereur, monsieur le duc, reprit Césara Visconti, sont des ordres pour ses sujets.

Monsieur de Bourbon fit un geste d'impatience et répliqua fièrement :

—Je ne suis point sujet de l'Empereur, moi!

— La France vous a renié pour son fils, poursuivit Césara, interrogez plutôt ces voûtes encore retentissantes des cris de douleur de François Ier, elles vous diront, monsieur, que les traîtres sont maudits et détestés en tous lieux; que pour eux il n'est pas de patrie, et que le Ciel délie les hommes des sermens qu'on leur a faits!

— Madame! s'écria le duc hors de lui.

Suzanne se jeta entre sa mère et lui.

— Monsieur! monsieur! quel ordre êtes-vous venu me donner?

— Il faut, madame, que de vous-même vous disiez à l'Empereur que vous ne consentez plus à m'épouser?

— Que je dise cela, moi? non, monsieur, je ne pourrai jamais prononcer ce
mot.

— Ma fille ! si tu étais assez lâche pour
y consentir....

— Décidez-vous !

— Non ! non ! répéta Césara.

— Hé bien ! à moi, Diégo ! Lopez ! Vous
ne parlerez pas à l'Empereur, madame,
car je vous enlèverai de ce château par la
force !

Le connétable fit un pas vers Suzanne.
La porte du fond s'ouvrit. L'Empereur
parut.

— Dieu soit loué, monsieur de Bourbon,
dit Charles-Quint en entrant, puisque vous

avez été vous-même au devant de l'entrevue que je vous préparais.

— Sire !... balbutia le duc.

— Foi d'homme d'honneur ! je suis heureux que mon plus cher désir se trouve d'accord avec vos propres sentimens.

— O mon Dieu ! murmura madame de Saint-Romain.

L'Empereur continua :

— Après le traité de Madrid que nous allons signer ici avec mon frère François Ier, à qui je donne ma bien - aimée sœur, dona Léonora, pour épouse, monsieur le grand chancelier d'Espagne me présentera votre contrat de mariage, monsieur le duc, ainsi que l'acte d'investiture

du duché de Milan. Ne me remerciez pas ,
votre fidélité méritait ce prix. Si des raisons
d'État se sont opposées à l'alliance que je
vous destinais, au moins me rendez-vous
la justice de convenir que j'ai cherché à
réparer la faute du sort d'une manière
digne de vous et de moi.

Le duc de Bourbon s'efforça de contenir
dans de justes bornes la profonde indignation qui l'animait.

— Sire , répondit-il, quand j'ai quitté
ma patrie, abandonnant mes biens et mes
amis les plus chers , je vous ai donné ma
parole et j'ai reçu la vôtre. Les murs de
cette prison sont là pour attester que j'ai
rempli fidèlement ma promesse. Je prie
Votre Majesté de me dire si je n'avais pas
droit d'attendre la réciprocité. S'il en est

21*

autrement, le respect me commande le silence.

L'Empereur jeta sur le connétable un regard sévère.

— Votre silence, monsieur le duc, parle bien haut, et votre respect a l'allure assez fière.

Bourbon répliqua sans se déconcerter :

— Si j'ai mérité la disgrace de Votre Majesté, vous daignerez du moins me faire savoir en quoi j'ai failli.

— Ah ! madame ! il va se perdre, hasarda Suzanne tout épouvantée du cours que prenait la conversation.

— Si vous appelez une disgrace, continua Charles-Quint, le don que je vous fais

du duché de Milan pour lequel la France
et l'Espagne luttent. depuis un siècle et
demi, vous êtes bien difficile à contenter ,
monsieur; moi, l'Empereur, je prie Dieu
qu'il ne m'en réserve jamais d'autre.

— Au moins, Sire, vous m'apprendrez
pourquoi je dois renoncer à la main de
votre sœur ?

— Monsieur ! monsieur ! murmura l'Empereur en battant du pied le parquet, vous
me chaussez les éperons de bien près !

— Que Votre Majesté me pardonne :
mais cette alliance....

— Était faite pour flatter votre orgueil,
j'en conviens, mais le bien de mon royaume
exige que je dispose autrement de ma
sœur.

— Pour la donner à François Ier!

— Le roi de France, monsieur, n'est-il pas aussi bon gentilhomme que vous et moi ?

— Cela se peut, Sire, mais j'avais de plus que lui mes services et votre parole. Daignez m'excuser, je ne suis pas habitué, de quelque part qu'elle vienne, à garder long-temps l'offense que j'ai sur le cœur.

Charles-Quint fronça le sourcil.

—Et moi, monsieur, je ne suis pas habitué à voir mes faveurs dédaignées! Vous épouserez la fille de dona Visconti et vous serez duc de Milan, ou, j'en jure par ma couronne impériale....

— Ah ! Sire! Sire! interrompit Suzanne en se jetant aux genoux de l'Empereur , je

ne demande plus rien ! je ne veux plus
rien !

— Et moi, je veux, madame ! l'Empereur n'a jamais impunément prononcé ce
mot.

— Sire ! donnez à monsieur le duc le
temps de réfléchir à sa réponse.

— Je l'ai faite.

— Vous plierez, monsieur, répéta Charles-
Quint, ou, foi d'homme d'honneur....

Un chambellan impérial vint heureuse-
ment suspendre cette dangereuse alterca-
tion en annonçant à l'Empereur que le roi
de France était prêt à paraître devant lui
et à discuter les clauses proposées dans le
traité de Madrid. Cette grave affaire, à laquelle se rattachaient tous les plans de

Charles-Quint, opéra une diversion dans le cours de son humeur. Il ordonna que les premiers officiers de sa maison allassent chercher le roi son frère, et que l'on déployât vis-à-vis du captif toutes les plus respectueuses formes de l'étiquette espagnole. Au même instant l'évêque d'Osma s'avança vers son maître et lui demanda la permission de lui présenter le jeune gentilhomme français dont il lui avait parlé.

— Vous avez mes instructions, monsieur l'évêque, dit Charles-Quint, c'est à vous de lui indiquer le chemin qu'il doit tenir.

— Sire, répliqua le confesseur, vous ne refuserez pas à ce pieux jeune homme la faveur d'être admis à baiser les mains de Votre Majesté?

Sur un signe de l'Empereur, on introduisit un jeune homme dont l'aspect arracha un cri de surprise et d'effroi aux témoins de cette apparition inattendue. Suzanne s'évanouit dans les bras de sa mère.

— Que veut dire ceci? s'écria Charles-Quint.

— Avant de quitter ce pays pour n'y plus revenir, dit le nouveau venu en s'addressant à l'Empereur, permettez, Sire, que je me fasse connaître à vous. On m'appelle Ponthus de Saint-Romain. Je fus marié à Suzanne de Langenfeld, reconnue aujourd'hui par sa mère pour l'héritière de la couronne et du nom des Visconti de Milan. L'homme ne peut délier ce que le Ciel a lié ! l'Empereur est puissant, mais Dieu est plus puissant.

— Je n'ai rien à répondre, dit l'Empereur. Ainsi donc vous venez m'annoncer que vous n'acceptez pas ?.......

— Au contraire, Sire, je pars à l'instant même, et je viens vous remercier du don que vous m'avez fait de ma liberté.

— Faites-en un saint usage, monsieur, reprit l'Empereur, et que votre piété et votre résignation ne se démentent en aucune circonstance de votre vie.

— J'en ai besoin, Sire, répondit le jeune homme, à qui Charles-Quint abandonna ses mains à baiser.

Saint-Romain s'approcha de sa femme, qui venait de reprendre ses sens et qui

l'écouta parler, les mains jointes et tendues
vers lui, comme si elle eût voulu prier.

— Vous ne me reverrez plus, madame,
lui dit-il, ne craignez rien de moi. Un
monastère va renfermer celui qui fut votre
époux. Je serai toujours mort pour vous.
Oubliez jusqu'à mon souvenir. Mon anneau ? voici le vôtre !

Suzanne était suffoquée par ses larmes.
Elle détacha en tremblant l'anneau qu'elle
portait au doigt, et le laissa tomber dans la
main de son mari. Saint-Romain brisa les
deux anneaux.

— Toute haine et tout amour, ajouta-
t-il d'une voix calme et pure, sont ainsi
brisés dans mon cœur.

Puis il sortit avec l'évêque d'Osma sans

même jeter un coup d'œil du côté de sa femme tombée presque mourante sur le parquet.

Le connétable, abattu et consterné, eut à peine la force de balbutier ces mots.

— Il me semble que c'est mon bon ange qui s'en va !

Il se fit un moment de profond silence. Le duc d'Albe entra et se dirigea vers Charles-Quint.

— Sire, lui dit-il, on a vainement cherché par toute la ville madame la duchesse d'Alençon.

— M'aurait-elle échappé ? murmura Charles-Quint.

— Tout espoir n'est pas perdu, répondit

le duc d'Albe. Depuis ce matin, les portes
de Madrid sont closes, et personne n'a pu
sortir sans être vu.

— C'est bien, dit l'Empereur. Donnez
des ordres pour que le roi de France soit
amené dans cette salle, et conduisez ici
madame la duchesse d'Alençon aussitôt
qu'elle sera reprise.

Le duc d'Albe s'éloigna. Charles-Quint
fit quelques pas vers le connétable.

— Monsieur le duc, le roi va venir pour
signer le traité de Madrid. Malgré ce qui
s'est passé entre nous, il ne tiendra pas à
moi, je vous jure, que la Provence et le
Dauphiné ne vous appartiennent. Ne vous
éloignez pas. Foi d'homme d'honneur ! je
vous ferai mander quand nous en serons à
l'article qui vous concerne.

Le duc de Bourbon se retira dans une salle voisine. Madame de Saint-Romain et sa mère sortirent par une autre porte.

— Ah ! je n'ai pas fini de souffrir, murmura Suzanne en s'appuyant sur le bras de sa mère.

— Et moi, dit Césara Visconti, je n'ai pas fini de maudire !

L'absence de la duchesse d'Alençon semblait vivement préoccuper Charles-Quint. La sœur de François Ier, la belle Marguerite de Valois, veuve de ce duc d'Alençon qui avait fui si lâchement à la bataille de Pavie, et que la honte avait tué dans sa retraite, était accourue en Espagne aussitôt qu'elle avait su que son frère venait d'être enfermé par l'Empereur dans l'Alcazar de Ma-

drid. Là cette sœur bien-aimée avait pro-
digué au roi malade tous les soins et toutes
les consolations qu'il était en droit d'attendre de l'amitié qui les unissait. Sa tou-
chante sollicitude, son courage, son esprit,
n'avaient pas peu contribué à rétablir
François Ier de la cruelle maladie qu'il avait
contractée dans sa prison. L'Empereur, qui
la redoutait, instruit qu'elle devait quitter
nuitamment la capitale de l'Espagne, avait
donné l'ordre de la retenir par force, malgré le sauf-conduit qui lui garantissait une
sécurité pleine et entière.

Le comte de Buren vint annoncer à l'Empereur que le roi de France arrivait sur ses
pas. L'inquiétude causée à Charles par la
fuite présumée de la duchesse était telle,
qu'il fallut lui répéter à deux reprises que

le roi et sa suite étaient là auprès de lui qui attendaient son bon plaisir. Avant d'aller au devant de son prisonnier, l'Empereur demanda encore au duc d'Albe qui entrait si l'on n'avait pas de nouvelles de la duchesse. Il s'avança enfin vers son prisonnier.

— Dieu vous garde et vous conserve, Sire ! lui dit-il, avec cet air de fausse bienveillance dont il couvrait toutes ses perfidies.

— Votre Majesté, répondit le roi, vient donc enfin voir mourir son prisonnier ?

— Ne dites pas que vous êtes mon prisonnier, repartit Charles-Quint, mais mon bon frère et mon ami. Dieu m'en est témoin, je n'ai d'autre dessein que de vous rendre libre, et de vous donner toute la satisfaction que vous pouvez désirer.

— Quant à moi, reprit le roi, croyez que ma reconnaissance ne sera jamais en reste avec votre générosité.

— En foi de notre sincérité mutuelle, poursuivit l'Empereur, qui pressa François Ier dans ses bras, embrassons - nous, mon frère, et que tout sujet de discorde demeure éteint entre nous. Avez-vous donc cru que je vous laisserais mourir dans cette prison ?

— Non, Sire, car j'ai une rançon à vous payer.

— Ne vous souvenez-vous pas, continua l'Empereur sans paraître remarquer l'aigreur de la réponse, qu'après la fatale bataille qui vous fit tomber en mon pouvoir, je défendis dans mes États les feux de joie, les sons de cloches et les réjouissances publiques ?

— « A Dieu ne plaise, disiez-vous alors, que j'insulte par d'odieuses fêtes au malheur de mes frères. Les fêtes ne conviennent qu'aux succès obtenus contre les ennemis de la religion. » Je m'en souviens, car ce fut ce jour-là même que j'entrai dans la prison de Pizzighettone, d'où je ne fus tiré que pour venir ici. Il y a de cela dix mois !

— Oublions-le, mon frère, et formons ensemble une chaîne indissoluble dont votre liberté sera le premier anneau.

— Je le veux bien, pourvu que cette chaîne ne me rappelle pas celle que vous m'avez donnée à Madrid.

— Non, mon frère, vous serez content

de moi. Le roi David qui mit en liberté
Saül, son ennemi, Alexandre envers Porus,
Pompée envers le roi Tigrane, d'Arménie,
ne se seront pas montrés plus clémens que
je veux l'être à votre égard. Je n'ai pas
oublié que le roi de France, Louis XII, fut
mon tuteur, et que vous et moi, à cause de
madame Marie de Bourgogne, mon aïeule,
nous sommes cousins au quatrième degré.

— Que ne vous en êtes-vous souvenu
plus tôt, reprit le roi ? Si depuis cinq mois
vous aviez seulement une fois visité votre
cousin et frère, vous l'eussiez vu miné par
la fièvre, se traînant de douleur sur les
dalles de son cachot. Votre ame se fût émue
d'un tel spectacle. Au milieu de la conster-
nation de ses amis, le roi de France, pâle
et mourant, recevant des mains d'un prêtre

une hostie rompue en deux que sa digne sœur partageait saintement avec lui ! Voilà la clémence de Charles - Quint, empereur auguste, roi des Espagnes et des Indes ! voilà l'hospitalité du roi catholique envers le roi très-chrétien !

— Parlons de l'avenir, mon frère, s'écria Charles, car le passé n'est plus à nous. Je veux que nous ne rivalisions désormais que de bons sentimens et de franche amitié. Je vous abandonne la ligne d'Italie, le pape, les Florentins, Lucques, Sienne, le duc de Ferrare et les Véni- tiens.

Un léger sourire vint effleurer la bouche du roi de France.

— Vous ferez d'autant mieux, Sire, répondit-il, que le pape et Florence se sont séparés de vous, que Lucques et Sienne vous ont refusé de continuer leurs contributions de guerre, et que Ferrare et Venise ont traité avec madame la régente de France, ma mère bien-aimée.

L'Empereur l'interrompit :

— Ne vous fiez pas au moins aux promesses de ces fourbes.

— Ne craignez rien pour moi, le malheur m'a rendu sage.

— Pour obtenir votre alliance, poursuivit l'Empereur, je romprai avec le roi d'Angleterre, votre ennemi.

— Henri VIII, Sire, est maintenant votre ennemi plus que le mien. Demain, si je le veux, il prendra les armes en ma faveur.

— Mon frère, jugez chacun de nous, non par ses paroles, mais par ses actes. Vous en êtes témoin, je n'ai rien tant à cœur que de vous renvoyer dans votre beau royaume de France. Oh! Paris sera bien glorieux ce jour-là. Votre mère, vos enfans à vos côtés, votre noblesse et votre peuple criant; Noël! autour de vous! L'oriflamme déployée, les fenêtres pavoisées, les tambours battans, et ce mot, ce mot sonnant plus haut que toutes les gloires du monde, la liberté!

— Ah! bien heureux jour que celui où je serai libre! s'écria François avec enthousiasme.

L'Empereur approcha du roi une plume et un rouleau de papiers écrits.

— Et pour cela, lui dit-il, pour cela, mon bon frère, rien qu'une signature à donner.

Le roi reprit avec le plus profond abattement :

— Hélas! hélas ! je ne verrai pas ce jour-là !

— Foi d'homme d'honneur! vous le verrez, repartit Charles-Quint, vous le verrez, si vous voulez être juste.

— Alors retranchez de ce traité la clause odieuse qui m'oblige à ériger en royaume, pour en gratifier un traître, les deux plus belles provinces de mes États.

— Monsieur de Bourbon a ma parole, mon frère.

— Il n'aura pas la mienne. Tout ce que

je puis faire, c'est de lui rendre ses biens, et de l'admettre à discuter devant notre parlement les droits qu'il prétend avoir sur la Provence.

— Cependant cette couronne nouvelle...

— Jamais ! plutôt mourir ici !

En prononçant ces mots la voix de François Ier était pleine d'une expression à la fois douloureuse et résignée. Charles comprit qu'il ne devait pas insister davantage.

— Eh bien ! rayons cet article, dit-il, en prenant la plume à son tour, j'y consens, puisque vous le voulez. Vous accepterez du moins les autres conditions. Vous me cèderez à moi la Bourgogne. Qu'est-ce qu'une pauvre province auprès de la liberté que je vous rends ?

Le roi se leva de sa chaise et fit un mouvement de colère :

— Que je reconstruise cette maison de Bourgogne qui coûta tant de sang à la France ! que j'introduise dans le centre de mon royaume un ennemi toujours prêt à mettre le trouble chez moi ! Non ! n'y comptez pas !

— Cette fois, Sire, repartit sèchement l'Empereur, ma demande ne souffre pas de refus.

— Je le sais, car il s'agit de votre intérêt.

— Songez que vous ne sortirez pas d'ici.

— J'y suis décidé.

— Songez que vos amis, votre sœur elle-même........

— Elle est maintenant hors de votre pouvoir, s'écria François Ier, triomphant à son tour.

— Serait-il vrai ?

Le comte de Lannoy entra précipitamment :

— Sire, depuis deux jours la duchesse d'Alençon est sortie de Madrid ; je viéns d'en acquérir la certitude.

Charles-Quint frappa du pied avec colère :

— Eh bien ! dit-il, la France ne reverra donc pas son roi !

— Vous vous trompez, Sire, répondit François Ier, ma sœur emporte avec elle un acte, le dernier que j'aurai signé, par le-

quel je me démets de ma couronne en faveur du dauphin mon fils.

— Je suis joué ! murmura l'Empereur.

— Préparez donc vos cachots, poursuivit le royal prisonnier , François de Valois
peut mourir à Madrid, car le roi de France
est à Paris !

Cet acte d'héroïsme, le plus beau et le
plus grand qui ait signalé la vie de François Ier, arracha un cri d'admiration aux
groupes de gentilshommes français et espagnols qui remplissaient la salle de l'Alcazar où avait lieu cette entrevue des deux,
souverains. Charles-Quint réprima d'un
regard l'indiscret enthousiasme de ses courtisans. Comme il cherchait les moyens de
sortir avec honneur de sa difficile position,

le connétable s'approcha respectueusement
de lui :

— Sire, je viens réclamer la parole de
Votre Majesté Impériale pour ce qui concerne les États de Provence et de Dauphiné.

— Monsieur le duc, interrompit François Ier, vous n'aurez rien de moi ! j'aime
mieux mourir prisonnier de l'Empereur.

— Sire, je l'avais deviné ! répondit le
connétable.

La confusion de l'empereur était au
comble.

— J'ai fait ce que j'ai pu, monsieur, dit-il
au duc de Bourbon.

— Je remercie Votre Majesté, repartit

celui-ci, j'ai entendu ce qu'elle a dit en ma faveur.

— C'est ainsi, monsieur le duc, s'écria le roi, que la trahison s'expie par la trahison.

FIN DU TOME PREMIER.

TABLE DES MATIÈRES

FIN DE LA TABLE.

CHAPITRE QUATRIÈME.

DES BIENS DES PARTICULIERS.

Les biens, sous l'empire des lois féodales, se répartissaient en quatre catégories : en biens *nobles* et *roturiers*, en biens *francs* ou *sujets*.

Toute terre à laquelle était attaché un droit seigneurial était noble; les biens roturiers étaient ceux que ne rehaussait aucune prérogative.

Les biens francs se composaient des *alleux nobles* et des *alleux roturiers;* c'est-à-dire des propriétés qui, titrées ou non, se trouvaient libres de tout lien féodal.

Les *alleux nobles* étaient en effet cette espèce de fiefs qui, possédant la féodalité active, ne subissaient pas la féodalité passive; propriétés suzeraines qui commandaient et ne servaient point. Quant aux *alleux roturiers* (1), s'ils ignoraient les prérogatives des fiefs, ils en ignoraient aussi les sujétions; sous ce rapport leur situation était la même, à la dignité

______

(1) Le mot roture vient du mot latin *ruptura; a terra rupta.* *Roturier, ruptuarius.* Voyez Ducange, v° *Rumpere.*

LÉON GOZLAN.

WASHINGTON LEVERT ET SOCRATE LEBLANC, 2 vol.
in-8. Prix :　15 fr.
LES MÉANDRES, tomes I et II, 2 vol. in-8.　15 fr.
LE NOTAIRE DE CHANTILLY, 2 vol. in-8.　15 fr.

JULES A. DAVID.

LE CLUB DES DÉSOEUVRÉS, tomes I et II, 2 vol. in-8.　15 fr.
LA BANDE NOIRE, 2 vol. in-8.　15 fr.
LA DUCHESSE DE PRESLES, 2 vol. in-8.　15 fr.
LUCIEN SPALMA, 2 vol. in-8.　15 fr.

GUSTAVE PLANCHE.

PORTRAITS LITTÉRAIRES, 2 vol. in-8.　7 fr.

DE BALZAC.

ÉTUDES DE MOEURS AU XIXe SIÈCLE, 12 volumes in-8,
　divisés en trois séries :
　　Scènes de la Vie de Province, 4 vol. in-8.　30 fr.
　　Scènes de la Vie privée, 4 vol. in-8.　30 fr.
　　Scènes de la Vie parisienne, 4 vol. in-8.　30 fr.
LE LYS DANS LA VALLÉE, 2 vol. in-8.　15 fr.
LE LIVRE MYSTIQUE, 2 vol. in-8.　15 fr.
SÉRAPHITA (extrait du *Livre Mystique*), 1 vol. in-8.　7 fr. 50 c.
LE MÉDECIN DE CAMPAGNE, 2 vol. in-8.　15 fr.
LE PÈRE GORIOT, 2 vol. in-8.　15 fr.
LES CHOUANS EN 1799, 2 vol. in-8.　15 fr.
NOUVEAUX CONTES PHILOSOPHIQUES, in-8.　7 fr. 50 c.
LES CENT CONTES DROLATIQUES, tomes I, II et III, 22 fr. 50.
LA PHYSIOLOGIE DU MARIAGE, 2 vol. in-8.　15 fr.

— Corbeil, imprimerie de Crété. —